LES

JOURNÉES DE NAPOLÉON III

DE L'IMPÉRATRICE

ET DU PRINCE IMPÉRIAL

9.

Paris. — Imp. centrale de Journaux. 14, rue des Jeûneurs,
J.-V. Wilhem, Directeur.

LES JOURNÉES

DE

NAPOLÉON III

DE

L'IMPÉRATRICE

ET DU PRINCE IMPÉRIAL

recueillies

PAR A. BRADIER

Les grands hommes sont
comme les météores qui
brillent et se consument
pour éclairer la terre.

NAPOLÉON Ier

PARIS

LIBRAIRIE NAPOLÉONIENNE—DAIREAUX, ÉDITEUR
rue de Rivoli, 156

ET CHEZ L'AUTEUR, RUE BRÉA, 17

—

1882

LES

JOURNÉES DE NAPOLÉON III

DE L'IMPÉRATRICE

ET DU PRINCE IMPÉRIAL

JANVIER

> Plus de pauvreté pour l'ouvrier
> malade, ni pour celui que l'âge
> a condamné au repos.
>
> LOUIS NAPOLÉON.

1er — 1852. — Le Prince Louis Napoléon assiste au *Te Deum* solennel en actions de grâces du vote qui ratifiait, par 7,500,000 suffrages, l'acte du 2 décembre 1851. Le peuple se pressait par masses innombrables derrière les soldats et ne cessait pas un instant de remplir l'air de ses vivats, auxquels venaient se mêler le bruit des tambours, les éclats des fanfares et le son de toutes les cloches. Mgr Sibour, archevêque de Paris, et tout son clergé vinrent recevoir le Prince à l'entrée de la cathédrale.

Ce même jour, le Prince Louis Napoléon transfère sa résidence du palais de l'Elysée au château des Tuileries; puis il ordonne par décret le rétablissement des aigles sur les drapeaux français ainsi que sur la croix de la Légion d'honneur.

1860. — Les limites de Paris sont portées jusqu'aux fortifications. La circonférence de l'enceinte actuelle a donc à l'intérieur 33 kil. 330 mètres et à l'extérieur 34 kil. 530 mètres.

1861. — Suppression des passeports. — Par décision

de l'Empereur, en date du 15 décembre 1860, les sujets de la reine d'Angleterre et d'Irlande sont admis à circuler sans passeports sur le territoire français ; la même liberté est accordée aux Français qui se rendent en Angleterre.

1869. — Aux vœux formés par Mgr Darboy, archevêque de Paris, venu avec son clergé féliciter l'Empereur à l'occasion du nouvel an, Sa Majesté a répondu :

« Les félicitations du clergé me touchent toujours profondément. Ses prières nous soutiennent et nous consolent. On peut voir par ce qui se passe combien il est indispensable d'affirmer les grands principes du christianisme qui nous enseignent la vertu pour bien vivre et l'immortalité pour bien mourir. »

2 — 1853. — Napoléon III donne une somme de 200,000 francs sur sa cassette pour faciliter le retrait, par les familles pauvres, des enfants trouvés et abandonnés dans les hospices de France.

3 — 1849. — Un arrêté institue près du ministère de l'intruction publique une commission chargée de préparer une loi sur l'enseignement. Cet arrêté est précédé d'un rapport où on lit entre autres : « Il faut que désormais l'éducation hausse tous les niveaux : celui des intelligences et celui des âmes ; il faut qu'elle perfectionne ainsi le premier instrument du travail, du bien-être matériel, des progrès politiques, et qu'en même temps elle ne laisse pas manquer un seul hameau, un seul enfant, des notions éternellement vraies de la religion et de la morale. » (V. 6 mars.)

1853. — L'église de Sainte-Geneviève (le Panthéon) est rendue au culte catholique.

4 — 1855. — Napoléon III préside le Conseil d'Etat. L'objet de la réunion est l'examen du projet de loi relatif à la création d'une dotation de l'armée, au remplacement et aux pensions militaires.

1858. — L'Impératrice Eugénie envoie à M. le curé de Mesnil-Saint-Loup (Aube) un ornement d'une valeur importante destiné à la chapelle de Notre-Dame de la Sainte-Espérance.

5 — 1860. — L'Empereur adresse à M. Fould, ministre d'Etat, une lettre dans laquelle il démontre les bienfaits de la concurrence et la nécessité de rejeter les systèmes prohibitifs. Napoléon III annonce des changements notables dans le régime économique, le dégrèvement des matières premières, l'abaissement des tarifs de transports, la conclusion des traités de commerce, un ensemble de mesures les plus propres à donner une nouvelle impulsion aux progrès de l'agriculture et du commerce.

1863. — De nouvelles mesures sont adoptées par le gouvernement de l'Empereur ayant pour but et pour résultat d'abréger, et, pour ainsi dire, de supprimer la détention préventive dans beaucoup d'affaires correctionnelles.

1868. — Distribution des récompenses aux exposants des classes de l'agriculture et de l'horticulture. — A l'occasion de cette cérémonie, Napoléon III prononce un discours dans lequel il dit :

« Le succès de l'Exposition universelle a rendu bien difficile pour mon gouvernement la tâche de récompenser tous les mérites, tant ils sont nombreux et divers. Il a fallu faire un choix entre les meilleurs, opération toujours délicate et qui laisse des regrets. Aujourd'hui, j'ai voulu distribuer moi-même les récompenses accordées par le jury, et donner la décoration de la Légion d'honneur aux personnes qui ont le plus excellé dans l'agriculture comme dans le travail manuel, et, parmi les délégués de la classe ouvrière à ceux qui se sont le plus distingués... »

6 — 1854. — Les escadres anglaises et françaises entrent dans la mer Noire.

1864. — Décret relatif à la liberté des théâtres.

7 — 1852. — Un décret rend aux monuments, places et rues de Paris leurs anciennes dénominations supprimées par les républicains de 1848 : le Palais-National reprend son nom de Palais-Royal; l'Académie nationale de musique, le Grand Opéra; le théâtre de la Nation, le Théâtre-Français, etc.

1852. — Décret qui ouvre un crédit pour le développement des lignes télégraphiques.

Ce même jour, le Prince Louis Napoléon reçoit en un banquet tous les délégués envoyés par les départements pour le féliciter sur le résultat du vote du du 20 décembre 1851.

1863. — Napoléon III inaugure le boulevard du prince Eugène (aujourd'hui boulevard Voltaire.) — Après avoir parcouru toute l'étendue du boulevard, en passant devant le front des troupes, l'Empereur s'est arrêté sur la place du Trône devant la tente élevée pour la cérémonie, et où se trouvaient réunis tous les ministres et le conseil municipal ayant à sa tête le préfet de la Seine et le préfet de police. Au remarquable discours prononcé par M. Haussmann, l'Empereur a répondu :

« Monsieur le préfet, messieurs les membres du conseil municipal,

» J'ai voulu présider à l'inauguration de ce nouveau boulevard pour vous remercier de votre infatigable dévouement aux intérêts de cette grande cité.

» Transformer la capitale en la rendant et plus vaste et plus belle, ce n'est pas seulement reconstruire plus de maisons qu'on n'en abat, fournir du travail à une foule d'industries diverses, c'est encore introduire partout des habitudes d'ordre et l'amour du beau.

» Ces rues spacieuses, ces maisons architecturales, ces jardins ouverts à tous, ces monuments artistiques, en augmentant le bien-être, perfectionnent le goût. Et si l'on songe qu'à côté de ces vastes travaux vous développez également l'assistance publique, vous multipliez les édifices religieux, les bâtiments destinés à l'éducation, on doit vous savoir un gré infini de faire tant de choses utiles, sans compromettre en rien l'état prospère des finances de la Ville...

» Je tiens aussi à vous remercier du concours que vous avez tous prêté à une œuvre due à l'initiative de l'Impératrice, et qui, mettant les capitaux à la portée des artisans honnêtes et laborieux, fera mentir le vieux proverbe qu'*on ne prête qu'aux riches*. — Si, comme je l'espère, cette institution se développe, il sera consolant de penser qu'une bonne réputation est une véritable propriété offrant ses avantages et ses garanties.

« Les œuvres de la paix se recommandent d'autant plus qu'on y rattache les souvenirs glorieux de notre histoire. Aussi ai-je voulu que le nouveau boulevard qui traverse l'un des faubourgs les plus industriels portât le nom du prince Eugène, de cet enfant de Paris, officier d'ordonnance du général Hoche à quatorze ans, l'un des héros de la retraite de Russie, et qui, plutôt que d'abandonner la France et l'Empereur, refusa la couronne d'Italie que lui offraient les souverains alliés.

» Je ne saurais dire combien m'a touché ce mouvement spontané de la population qui a donné le nom de ma mère à l'un des boulevards voisins, mais je ne puis accepter cette désignation. Les noms à inscrire sur le marbre ne doivent pas être le privilège exclusif de ma famille; il appartient à tous ceux qui ont rendu des services au pays. Ainsi donc la nouvelle voie de communication qui remplace aujourd'hui le canal Saint-Martin s'appellera dorénavant : *boulevard Richard-Lenoir*.

» Quoiqu'il existe déjà une petite rue Richard-Lenoir, je désire faire paraître dans un plus grand jour le nom de cet homme qui, de simple ouvrier du faubourg Saint-Antoine, devint l'un des premiers manufacturiers de France, que l'Empereur décora de sa main pour les immenses progrès qu'il fit faire à l'industrie du coton, et qui employa une fortune noblement acquise à soutenir ses ouvriers pendant les mauvais jours et à les armer lorsqu'il fallut repousser l'invasion étrangère.

» Occupons-nous donc de tout ce qui peut à la fois améliorer la condition matérielle du peuple et élever son moral. Plaçons toujours devant ses yeux un noble but à atteindre et l'exemple de ceux qui ont conquis la fortune par le travail, l'estime par la probité, la gloire par le courage. »

8 — 1852. — Les ratifications du traité sur la propriété littéraire entre la France et l'Angleterre sont échangées entre lord Normanby et le ministre des affaires étrangères.

1854. — L'Empereur s'associe pour une somme de mille francs à la fête dite de l'Industrie qui a eu lieu à Amiens pour tout le département de la Somme. — (Il s'agissait de distribuer des récompenses aux ouvriers du département qui s'étaient le plus distingués pour leur long séjour dans le même atelier ou pour une invention utile à l'industrie.)

1860. — Décret pour l'ouverture d'un concours général et national d'agriculture.

9 — 1855. — Départ de la garde impériale pour l'armée d'Orient. — Les détachements de la garde impériale désignés pour rejoindre l'armée d'Orient se rassemblent dans la cour des Tuileries, où l'Empereur vint les passer en revue et leur adresser les paroles suivantes :

«Soldats! le peuple français, par sa souveraine volonté, a ressuscité bien des choses qu'on croyait mortes à jamais, et aujourd'hui l'Empire est reconstitué. D'intimes alliances existent avec nos anciens ennemis. Le drapeau de la France flotte avec honneur sur les rives lointaines, où le vol audacieux de nos aigles n'était pas encore parvenu. La garde impériale, représentation héroïque de la gloire et de l'honneur militaires, est ici devant moi, entourant l'Empereur ainsi qu'autrefois, portant le même uniforme, le même drapeau, et ayant surtout dans le cœur les mêmes sentiments de dévouement à la patrie. Recevez donc ces drapeaux, qui vous conduisent à la victoire comme ils y ont conduit vos pères, comme ils viennent d'y conduire vos camarades... »

10 — 1856. — Napoléon III décide qu'il sera donné un certain nombre de représentations en faveur des troupes revenant de Crimée.

1864. — Décret impérial qui rétablit une Faculté de droit à Nancy.

11 — 1857. — Promulgation du traité de commerce et de navigation conclu entre la France et le royaume de Siam.

1860. — Décret qui étend au territoire de l'Algérie le privilège accordé au Crédit foncier de France par les décrets des 28 mars et 18 décembre 1852.

12 — 1861. — Promulgation du traité de paix, de commerce et de navigation entre la France et la Chine.

1863. — Ouverture de la session législative. — Dans son discours, l'Empereur s'exprime ainsi au sujet des principes de la politique impériale :

« On se plaît ordinairement à chercher dans les actes des souverains des mobiles cachés et de mystérieuses combinaisons, et cependant ma politique a été bien simple :

» Accroître la prospérité de la France et son ascendant moral, sans abus comme sans affaiblissement du pouvoir remis entre mes mains. A l'extérieur, favoriser, dans la mesure du droit et des traités, les aspirations légitimes des peuples vers un meilleur avenir; développer nos relations commerciales avec les pays dont nous rapprochait une plus grande communauté d'intérêts, faire disparaître des cartons diplomatiques les vieilles questions en litige, afin d'enlever les prétextes de mésintelligence. Poursuivre enfin hardiment la réparation de toute insulte à notre drapeau, de tout préjudice causé à nos nationaux. »

13 — 1857. — Distribution au nom de l'Empereur et de l'Impératrice de douze livrets de caisse d'épargne aux élèves de l'Association philotechnique pour l'instruction gratuite des ouvriers.

1865. — Napoléon III, apprenant le naufrage d'une barque de pêche du port de Trouville-sur-Mer, montée par six hommes d'équipage qui ont péri, envoie à M. le baron Clary, maire de Trouville, une somme importante pour être distribuée aux familles de ces infortunés marins.

14 — 1858. — Attentat contre la vie de Napoléon III. — Quand les démagogues ne sont pas au pouvoir et qu'ils veulent y arriver, les moyens leur importent peu : Ainsi, le 14 janvier 1858, il y avait une représentation extraordinaire à l'Opéra; l'Empereur et l'Impératrice devant y assister avec le duc de Saxe-Cobourg-Gotha, les boulevards et la rue Le Peletier étaient encombrés d'une foule compacte. Au moment où la voiture impériale entrait sous le péristyle de l'Opéra, plusieurs détonations se firent entendre, suivies de cris déchirants poussés par les blessés et les agonisants. Un attentat venait d'être commis contre la vie de l'Empereur par des Italiens : Orsini, Pieri, de Rudio et Gomez. Mêlés à la population pressée sur les trottoirs, ces assassins avaient lancé des bombes qui causèrent d'affreux ravages.

Les constatations judiciaires ont établi que 156 personnes avaient été atteintes et le nombre des blessures également constatées par l'expertise médicale ne s'éleva pas à moins de 511. Parmi ces victimes, il y avait 21 femmes, 11 enfants, 13 lanciers et 11 gardes de Paris.

1864. — Napoléon III remet dans la chapelle des Tuileries la barette à S. Em. le cardinal de Bonnechose, archevêque de Rouen. Répondant au discours du cardinal, l'Empereur s'exprima ainsi :

« Les honneurs de ce monde sont de lourds fardeaux que la Providence nous impose : elle a voulu dans sa justice augmenter les devoirs en proportion des dignités ; aussi je me demande souvent si la bonne fortune n'a pas autant de tribulations que la mauvaise. »

1865. — L'Empereur accorde une pension de 1,200 francs à la veuve du célèbre Emile Chevé, payable moitié par l'Etat, moitié par la liste civile.

15 — 1849. — Le Prince Louis Napoléon donne une somme de 50,000 francs pour aider à la construction de cités ouvrières ou maisons-modèles destinées à remplacer les logements insalubres ou chers, occupés par un grand nombre de familles appartenant aux classes laborieuses.

Ce même jour, le Prince Louis Napoléon visite l'Hôtel-Dieu, s'informe près des malades eux-mêmes des causes de leur maladie, de leur position de famille, console les uns, encourage les autres, parle à tous avec bienveillance.

16 — 1854. — Décret qui ouvre un crédit de deux millions pour être employés en secours aux établissements de bienfaisance.

1858. — En outre des secours donnés aux agents de la force publique blessés dans la soirée du 14, l'Empereur a fait distribuer par le docteur Corvisart, un de ses médecins, une somme de 10,000 francs aux victimes de l'attentat.

1868. — L'Empereur fait rendre gratuitement aux ouvriers et aux petits commerçants tous les objets de première nécessité engagés au Mont-de-Piété.

17 — 1849. — Le Prince Louis Napoléon fait grâce pleine et entière à soixante-trois femmes, mères de famille, détenues à la prison de Saint-Lazare, qui devaient être transportées par suite des affaires de juin 1848.

1854. — Un crédit de 4,096,873 francs est ouvert à l'effet d'indemniser la ville de Paris des avancés qu'elle a faites aux gouvernants de 1848.

— Décret accordant l'assistance judiciaire aux indigents de la Martinique, de la Guadeloupe et de la Réunion.

18 — 1862. — L'Empereur fait don à la Bibliothèque impériale d'un vase de bronze gallo-romain de la plus précieuse antiquité.

1869. — Napoléon III ouvre la session législative dont le mandat des députés expire cette année. L'Empereur termine son discours par ces paroles :

« On reconnaît la bonté de l'arbre aux fruits qu'il porte, a dit l'Evangile ; eh bien ! si l'on fait un retour vers le passé, quel est le régime qui a donné à la France dix-sept années de quiétude et de prospérité toujours croissantes ? Certes, tout gouvernement est sujet à erreur, et la fortune ne sourit pas à toutes les entreprises ; mais ce qui fait ma force, c'est que la nation n'ignore pas que, depuis vingt ans, je n'ai pas eu une seule pensée, je n'ai pas fait un seul acte qui n'ait eu pour mobile les intérêts et la grandeur de la France. Elle n'ignore pas non plus que j'ai été le premier à vouloir un contrôle rigoureux de la gestion des affaires, que j'ai augmenté à cet effet les attributions des Assemblées délibérantes, persuadé que le véritable appui d'un gouvernement est dans l'indépendance et le patriotisme des grands corps de l'Etat. »

19 — 1858. — L'Empereur procède comme de coutume, au palais des Tuileries, à l'ouverture de la session législative. Après avoir passé en revue toutes les branches de l'administration : l'agriculture, les travaux publics, l'instruction, la religion, le chef de l'Etat ajoute :

« Je crois utile, au commencement d'une nouvelle législature, d'examiner avec vous ce que nous sommes et ce que nous voulons. Il n'y a que les causes bien définies, nettement formulées, qui créent des convictions profondes ; il n'y a que les drapeaux hautement déployés qui inspirent des dévouements sincères.

» Qu'est-ce que l'Empire ? Est-ce un gouvernement rétrograde, ennemi des lumières, désireux de comprimer les élans généreux et d'empêcher dans le monde le rayonnement de tout ce que les grands principes de 89 ont de bon et de civilisateur? Non. L'Empire a inscrit ces principes en tête de sa Constitution. Il adopte franchement tout ce qui peut ennoblir les cœurs et exalter les esprits pour le bien.

» ... Depuis l'année dernière, le gouvernement a suivi sa marche progressive et régulière, exempte de toute vaine ostentation. On a souvent prétendu que, pour gouverner la France, il fallait sans cesse donner comme aliment à l'esprit public quelque grand incident théâtral. Je crois, au contraire, qu'il suffit de chercher exclusivement à faire le bien pour mériter la confiance du pays. »

1867. — Lettre de l'Empereur à M. Rouher, ministre d'Etat, relative au retrait de l'Adresse : « La discussion de l'Adresse, dit Sa Majesté, n'a pas amené les résultats qu'on devait en attendre; elle a parfois passionné l'opinion, donné lieu à des débats stériles, et fait perdre un temps précieux pour les affaires; je crois qu'on peut sans amoindrir les prérogatives des pouvoirs délibérants, remplacer l'Adresse par le droit d'interpellation sagement règlementé. »

1863. — Les ratifications du traité de commerce et de navigation conclu entre la France et l'Italie sont échangées entre M. Drouyn de Lhuys et M. le chevalier Nigra.

1869. — Napoléon III fait l'acquisition de la propriété de Lamotte-Sanguin, pour y fonder un asile en faveur des ouvriers convalescents du Loiret à leur sortie des hôpitaux d'Orléans. — Malheureusement, les événement ultérieurs en ont arrêté l'exécution.

20 — 1863. — L'Empereur Napoléon III fait parvenir aux préfets une nouvelle somme de 100,000 fr. qui s'ajoute à celle que Sa Majesté avait déjà souscrite en faveur des ouvriers de l'industrie cotonnière.

21 — 1858. — Napoléon III ordonne qu'une enquête soit faite sur la situation des victimes de l'attentat du 14 janvier et sur celle de leurs familles, auxquelles Sa Majesté a déjà envoyé des secours.

1860. — Décret qui fixe et élève la pension de retraite des ouvriers de l'Imprimerie impériale et les secours auxquels ils ont droit en cas de maladie.

1861. — L'Empereur et l'Impératrice mettent à la disposition du préfet de police des sommes suffisantes pour pourvoir aux besoins de la population nécessiteuse de la ville de Paris.

1863. — Ouverture d'un crédit de 2 millions 500,000 francs pour subvention à des travaux d'utilité communale et secours à distribuer par les institutions de bienfaisance.

22 — 1851. — Loi relative à l'assistance judiciaire accordée aux indigents.

1852. — Création d'une médaille militaire donnant droit à 100 francs de rente en faveur des soldats et sous-officiers des armées de terre et de mer.

1853. — Napoléon III notifie son mariage aux grands corps de l'Etat réunis aux Tuileries. Après avoir envisagé brièvement les alliances ordinaires des souverains, il annonce qu'il a dû s'éloigner des précédents suivis jusqu'à ce jour :

« Celle qui est devenue l'objet de ma préférence est, dit-il, d'une naissance élevée. Française par le cœur, par l'éducation, par le souvenir du sang que versa son père pour la cause de l'Empire, elle a, comme Espagnole, l'avantage de ne point avoir en France de famille à laquelle il faille donner honneurs et dignités. Douée de toutes les qualités de l'âme, elle sera l'ornement du trône, comme au jour du danger elle deviendrait un de ses courageux appuis. Catholique et pieuse, elle adressera au Ciel les mêmes prières que moi pour le bonheur de la France ; gracieuse et bonne, elle fera revivre dans la même position, j'en ai le ferme espoir, les vertus de l'Impératrice Joséphine. »

1866. — Ouverture de la session législative. — Après avoir fait l'exposé de la politique extérieur, l'Empereur passe à la politique intérieure :

« La loi sur les coalitions, dit-il, qui avait fait naître quelques appréhensions, s'est exécutée avec une grande impartialité de la part du gouvernement, et avec modération de la part des intéressés. La classe ouvrière, si intelligente, a compris que, plus on lui accordait de facilités pour débattre ses intérêts, plus elle était tenue de respecter la liberté de chacun et la sécurité de tous. L'enquête sur les Sociétés coopéra-

tives est venue démontrer combien étaient justes les
bases de la loi qui vous a été présentée sur cette importante matière. Cette loi permettra l'établissement
de nombreuses associations au profit du travail et de
la prévoyance. Pour en faciliter le développement,
j'ai décidé que l'autorisation de se réunir sera accordée à tous ceux qui, en dehors de la politique, voudront délibérer sur leurs intérêts industriels ou commerciaux...

» ... Nos formes constitutionnelles, qui ont une
certaine analogie avec celles des Etats-Unis, ne sont
pas défectueuses parce qu'elles diffèrent de celles de
l'Angleterre. Chaque peuple doit avoir des institutions
conformes à son génie et à ses traditions. Certes, tout
gouvernement a ses défauts, mais, en jetant un regard
sur le passé, je m'applaudis de voir, au bout de quatorze ans, la France respectée au dehors, tranquille
au dedans, sans détenus politiques dans ses prisons,
sans exilés hors de ses frontières.

» N'a-t-on pas assez discuté depuis quatre-vingts
ans les théories gouvernementales? N'est-il pas plus
utile aujourd'hui de chercher les moyens pratiques
de rendre meilleur le sort moral et matériel du
peuple?... Tâchons d'améliorer les conditions du travail dans les champs comme dans les ateliers... »

23 — 1859. — Le général Niel demande, au nom
de l'Empereur, la main de S. A. I. la princesse Marie-
Clotilde, fille de Victor-Emmanuel, roi d'Italie, pour
S. A. I. le Prince Napoléon.

1860. — Un traité de commerce est signé entre la
France et l'Angleterre.

1861. — Décret qui crée une médaille commémorative de l'expédition de Chine.

1864. — Napoléon III écrit pour faire réclamer les
restes de Carnot, homme d'Etat français, mort à
Magdebourg, le 3 août 1823 :

« Les restes de l'homme qui sauva la France de
l'invasion étrangère pourraient être jetés dans la
fosse commune, dit l'Empereur. Cette profanation
risque peut-être encore d'avoir lieu d'un moment à
l'autre. Réclamez les restes de Carnot et prenez des
mesures pour les envoyer en France. »

24 — 1854. — Lettre de Napoléon III à l'Empereur de Russie. — Pénétré de ses devoirs envers le pays qui l'avait élu et envers l'Europe pour laquelle une guerre avec la Russie pouvait devenir le prélude d'une guerre générale, l'Empereur écrit au czar :

« ... Si Votre Majesté désire autant que moi une conclusion pacifique, quoi de plus simple que de déclarer qu'un armistice sera signé aujourd'hui, que les choses reprendront leur cours diplomatique, que toute hostilité cessera et que toutes les forces belligérantes se retireront des lieux où des motifs de guerre les ont appelées ?... Mais si, par un motif difficile à comprendre, Votre Majesté opposait un refus, alors la France, comme l'Angleterre, serait obligée de laisser au sort des armes et aux hasards de la guerre ce qui pourrait être décidé aujourd'hui par la raison et la justice... » — L'Empereur de Russie n'ayant point adhéré à ces nobles paroles, la guerre continua.

1857. — L'ambassadeur de Perse remet ses lettres de créance à l'Empereur :

« Je m'applaudis, dit Sa Majesté, du traité de commerce conclu entre nos deux pays, car les rapports commeriaux, bien établis, ciment toujours l'amitié des peuples. »

1865. — Les représentants de plusieurs Sociétés de missions anglaises ayant adressé à Napoléon III un mémoire qui soumettait à sa haute équité les réclamations des missions protestantes à Lifu (Nouvelle-Calédonie), l'Empereur leur répond :

« ... Je fais écrire au commandant Guillain pour blâmer toute mesure qui mettrait une entrave au libre exercice de votre ministère dans ces contrées lointaines. Je suis assuré que, loin de susciter des difficultés aux représentants de l'autorité française, la mission protestante comme la mission catholique, l'aidera à répandre chez les indigènes de l'Archipel les bienfaits du christianisme et de la civilisation. »

25 — 1854. — Promulgation du traité de commerce et de navigation entre la France et le Portugal.

1855. — L'Empereur Napoléon III envoie une somme de 1,500 francs aux ouvriers de l'usine de M. Decoster, à Paris, qui avaient travaillé une heure en plus pendant douze jours, pour affecter le produit de ce travail à la souscription ouverte en faveur de l'armée d'Orient.

1863. — Napoléon III fait en personne, dans la grande salle du Louvre, la distribution des récompenses aux exposants français dont les mérites ont été signalés par la commission impériale de l'Exposition à Londres. Au discours prononcé par S. A. I. le Prince Napoléon, l'Empereur a répondu :

« ... Je vous remercie de votre énergie et de votre persévérance à rivaliser avec un pays qui nous avait devancés dans certaines branches du travail. La voilà donc enfin réalisée cette redoutable invasion sur le sol britannique, prédite depuis si longtemps ! Vous avez franchi le détroit ; vous vous êtes hardiment établis dans la capitale de l'Angleterre ; vous avez courageusement lutté avec les vétérans de l'industrie. Cette campagne n'a pas été sans gloire, et je viens aujourd'hui vous donner la récompense des braves.

» Ce genre de guerre, qui ne fait point de victimes, a plus d'un mérite : il suscite une noble émulation, amène ces traités de commerce qui rapprochent les peuples et font disparaître les préjugés nationaux sans affaiblir l'amour de la patrie... »

26 — 1853. — La Maison Eugène-Napoléon. — L'Impératrice adresse une lettre au préfet de la Seine pour remercier le conseil municipal, qui venait de voter une somme de 600,000 francs destinée à lui offrir une parure de diamants. Sur le désir exprimé par Sa Majesté, cette somme fut consacrée à la fondation d'un établissement, où de jeunes filles pauvres recevraient une éducation professionnelle et d'où elles ne sortiraient que pour être convenablement placées. Cet établissement fut ouvert en 1867, au faubourg Saint-Antoine, pour trois cents jeunes filles, et fut placé sous la protection de l'Impératrice.

1860. — L'Empereur nomme M. Rouher grand'croix de la Légion d'honneur, comme témoignage de la haute approbation de Sa Majesté pour ses éminents services.

1863. — Un crédit extraordinaire de cinq millions est ouvert en faveur des localités où l'industrie cotonnière est en souffrance.

27 — 1849. — Le Prince Louis Napoléon visite

les plus grandes fabriques du faubourg Saint-Antoine. Les sympathies qu'il rencontre dans la population ouvrière lui donnent la preuve que la confiance et l'industrie commencent à renaître.

1862. — L'Empereur Napoléon III ouvre la session législative. Dans son discours, on remarque le passage suivant :

« Le sort de tous ceux qui sont au pouvoir, je ne l'ignore pas, est de voir leurs intentions les plus pures méconnues, leurs actes les plus louables dénaturés par l'esprit de parti. Mais les clameurs sont impuissantes lorsqu'on possède la confiance de la Nation et qu'on ne néglige rien pour la mériter. Ce sentiment, qui se manifeste en toutes circonstances, est ma récompense la plus précieuse et fait ma plus grande force... »

28 — 1865. — L'Empereur Napoléon III accorde une pension annuelle de mille francs à l'Association philotechnique pour l'instruction gratuite des ouvriers.

Le Prince Napoléon s'inscrit également pour cinq cents francs.

29 — 1849. — Le Prince Louis Napoléon envoie des secours à une famille dont le chef, ouvrier charpentier, vient de tomber de la toiture de l'Exposition.

Quelques jours après, les camarades de cet ouvrier allaient offrir une corbeille de fleurs au Prince, qui leur donna des marques de sa munificence.

30 — 1853. — Mariage de Napoléon III. — Dès le matin, une foule immense, accourue de tous les quartiers de Paris, de tous les points du département de la Seine et des départements circonvoisins, se pressait aux abords des places et des rues que devait parcourir le cortège. Les corporations ouvrières de Paris et de la banlieue, bannière en tête, les vieux militaires de la République et de l'Empire, les députations de jeunes filles en blanc, s'étaient rangés dans la rue de Rivoli. A cette occasion, de nombreux secours furent accordés aux ouvriers nécessiteux. Les victimes de la politique ne furent pas plus oubliées que les victimes de la pauvreté : trois mille grâces furent accordées à des personnes ayant été l'objet de mesures de sûreté générale.

1861.— Inauguration du square des Arts-et-Métiers.

1866. — Le Prince Impérial fait don d'une embarcation à la Société centrale de Sauvetage des navires.

31 — 1851. — L'Assistance judiciaire accordée aux indigents. — Sur l'initiative du Prince Louis Napoléon, une loi permettant aux indigents de faire valoir leurs droits en justice, sans aucun frais, fut votée le 22 janvier 1851.

D'après cette loi, l'assistance judiciaire a lieu en matière civile, en matière criminelle et correctionnelle.

Sa première application a eu lieu le 31 janvier 1851.

FÉVRIER

> En contemplant les faits sans passion, sans préjugés, on peut dire que l'Empereur a donné à la France de la gloire et du travail.
>
> NAPOLÉON (JÉRÔME).

1er — 1853. — L'Empereur, apprenant la mort d'un artiste de la manufacture des Gobelins, fait remettre une somme de 1,000 francs à sa veuve.

1854. — Décret ajoutant un nouveau crédit de deux millions à celui de quatre millions ouvert, le 22 novembre 1853, pour encourager les travaux communaux et venir en aide aux ouvriers des campagnes pendant l'hiver.

1864. — L'Empereur répond en ces termes à l'Adresse du Corps législatif :

« ... Après l'infructueux essai de tant de régimes différents, le premier besoin du pays est la stabilité. Ce n'est pas sur un terrain sans consistance et toujours remué, qu'on peut fonder quelque chose de du-

rable. Que voyons-nous, en effet, depuis soixante ans ?
La liberté ne devenir entre les mains des partis
qu'une arme pour renverser. De là d'incessantes fluc-
tuations ; de là *tour à tour le pouvoir succombant sous*
la liberté et la liberté succombant sous l'anarchie... »

2 — 1853. — Les Sociétés de Charité maternelle et
l'hospice des Incurables. — Parmi les objets compo-
sant la corbeille de mariage de l'Impératrice Eugénie,
l'Empereur avait fait placer, au lieu de la bourse
d'usage, un portefeuille renfermant 250,000 francs.
L'Impératrice a voulu que cette somme fût entièrement consacrée à des œuvres de charité. Par ses
ordres : 100,000 francs sont répartis entre les Sociétés
de Charité maternelle et 150,000 francs servent à fonder de nouveaux lits à l'hospice des Incurables, en
faveur de pauvres infirmes des deux sexes et dont la
désignation appartiendra à Sa Majesté.

Les Sociétés de Charité maternelle, qui furent placées sous l'auguste patronage de l'Impératrice, ont
rendu d'immenses services à la classe ouvrière; ainsi
pendant l'année 1863 près de 11,000 femmes furent
secourues et les secours accordés se sont élevés à la
somme de 445,386 francs. En 1867, ces Sociétés ont
secouru 16,060 familles; en 1868, le nombre s'éleva
jusqu'à 17,645, entre lesquelles a été répartie une
somme de 662,474 francs par les dames patronesses.
Le nombre de ces Sociétés s'élevait, en 1870, à
soixante-dix-huit. — Cette merveilleuse institution
est due à l'Impératrice Joséphine.

1854. — Rapport de M. Magne, ministre des travaux
publics, de l'agriculture et du commerce, constatant
qu'au 24 février 1848, les concessions de chemins de
fer embrassaient une étendue de 3,542 kilomètres,
tandis que depuis son avènement au trône, l'Empereur
avait déjà ajouté un réseau de 5,472 kilomètres, ce
qui portait l'ensemble des réseaux concédés à 9,000 kilomètres environ.

En 1869, le réseau des lignes concédées était de
22,811 kilomètres et celui des lignes classées et non
concédées de 1,383, soit 24,194 kilomètres représentant
une dépense totale de près de huit milliards.

3 — 1851. — Sur l'initiative du Prince Louis
Napoléon, une loi ouvre un crédit extraordinaire de

600,000 francs destiné à encourager la création d'établissements modèles pour bains et lavoirs publics gratuits ou à prix réduits, à Paris et dans les grands centres de population.

1865. — Napoléon III accueille favorablement le manifeste que lui adressent plusieurs milliers d'ouvriers de Paris, pour le prier d'approuver la création des Invalides civils.

4 — 1854. — L'Empereur accorde sur sa cassette particulière une pension de 1,200 francs à Mme de Monsigny, veuve du fils du célèbre compositeur de ce nom.

1854. — Promulgation de la convention conclue entre la France et l'Espagne pour la garantie réciproque des œuvres de l'esprit.-

1861. — Ouverture des Chambres. — Dans son discours, Napoléon III donne de nouveau à la France une preuve de sa haute et persévérante sollicitude pour le bien-être de tous :

« A la veille des explications plus détaillées, dit-il, je me bornerai à vous rappeler sommairement ce qui s'est fait au dedans et au dehors. A l'intérieur, toutes les mesures prises, tendant à augmenter la production agricole, industrielle et commerciale... Nous avons diminué les droits sur les matières premières, signé un traité de commerce avec l'Angleterre, projeté d'en contracter d'autres avec les pays voisins, facilité partout les voies de communication et les transports. Pour réaliser ces réformes économiques, nous avons dû renoncer à quatre-vingt-dix millions de recettes annuelles, et cependant le budget vous sera présenté en équilibre, sans qu'il ait été nécessaire de recourir, ni à la création de nouveaux impôts, ni au crédit public... »

1866.—Inauguration du marché Saint-Maur, à Paris.

5 — 1852. — Le Prince Louis Napoléon autorise la Société Fénelon, fondée à Paris pour l'éducation et le patronage des jeunes garçons pauvres, orphelins ou abandonnés.

1862. — Décret autorisant les Sociétés anonymes et autres associations commerciales, industrielles ou financières légalement constituées dans les Etats romains à exercer leurs droits en France.

6 — 1863. — Napoléon III adresse au général Pélissier, duc de Malakoff, gouverneur de l'Algérie, une lettre relative à la propriété arabe :

« Je suis, dit Sa Majesté, aussi bien l'Empereur des Arabes que celui des Français. J'ai chargé le maréchal Randon de préparer un projet de sénatus-consulte dont l'article principal sera de rendre les tribus ou fractions de tribu, propriétaires incommutables des territoires qu'elles occupent à demeure fixe et dont elles ont la jouissance traditionnelle, à quelque titre que ce soit. »

1863. — Décret impérial ordonnant de procéder à l'exécution des travaux nécessaires pour compléter l'amélioration du port des Sables, pour rétablir et compléter les ouvrages de l'entrée du port de Fécamp, pour améliorer la navigation du canal de Savières.

7 — 1856. — Promulgation de la convention d'extradition entre la France et l'Autriche.

1866. — Le Prince Impérial fonde quatre-vingt-neuf prix d'encouragement pour les instituteurs communaux, directeurs de classes d'adultes. — En encourageant ainsi les instituteurs, les cours du soir se multiplièrent considérablement : pendant l'hiver de 1868-69, il a été ouvert dans 26,224 communes, 28,172 cours d'adultes pour les hommes, et dans 4,990 communes, 5,466 pour les femmes.

8 — 1859. — Ouverture de la session législative.— L'Empereur s'adressant aux sénateurs et aux députés, termine son admirable discours par ces paroles :

« Je compte toujours avec confiance sur votre concours comme sur l'appui de la Nation qui m'a confié ses destinées. Elle sait que jamais un intérêt personnel ou une ambition mesquine ne dirigeront mes actions. Lorsque, soutenu par le vœu et le sentiment populaires, on monte les degrés d'un trône, on s'élève, par la plus grave des responsabilités, au-dessus de la région infime où se débattent des intérêts vulgaires, et l'on a pour premiers mobiles comme pour derniers juges : *Dieu, sa conscience et la postérité.* »

1860. — Décret ordonnant qu'il soit procédé à l'exécution de travaux d'approfondissement du canal de Caen à la mer.

1871. — L'Empereur Napoléon III, prisonnier de

guerre, adresse de Wilhelmshœhe une proclamation au peuple français. En voici un extrait :

« Trahi par la fortune, dit-il, j'ai gardé depuis ma captivité ce profond silence qui est le deuil du malheur... Au moment où je fus obligé de me constituer prisonnier, je ne pouvais traiter de la paix... Je laissai au gouvernement de la Régente, siégeant à Paris au milieu des Chambres, le devoir de décider si l'intérêt de la Nation exigeait la continuation de la lutte... Mais, pendant que tous les regards étaient tournés vers l'ennemi, une insurrection éclata dans Paris : le siège de la représentation nationale fut violé, la sécurité de l'Impératrice menacée ; un gouvernement s'installa par surprise à l'Hôtel de Ville, et l'Empire, que toute la Nation venait d'acclamer pour la troisième fois, abandonné par ceux qui devaient le défendre, fut renversé. Faisant trêve à nos justes ressentiments, je m'écriai : « Qu'importe la dynastie, si la patrie peut être sauvée !... »

« Maintenant que la lutte est suspendue, que la capitale, malgré une résistance héroïque, a succombé et que toute chance raisonnable de vaincre a disparu, il est temps de demander compte à ceux qui ont usurpé le pouvoir du sang répandu sans nécessité, des ruines amoncelées sans raison, des ressources du pays gaspillées sans contrôle... Une nation ne saurait obéir longtemps à ceux qui n'ont aucun droit de commander... Quant à moi, meurtri par tant d'injustices et d'amères déceptions, je ne viens pas aujourd'hui réclamer des droits que quatre fois en vingt ans vous m'avez librement conférés... Mais tant que le peuple, régulièrement réuni dans ses comices, n'aura pas manifesté sa volonté, mon devoir sera de m'adresser à la Nation comme son véritable représentant et de lui dire : *Tout ce qui est fait sans votre participation directe est illégitime.* »

9 — 1855. — Décret concédant aux sous-officiers et soldats des armées de terre et de mer, amputés par suite de blessures reçues étant en activité de service, et déjà mis à la retraite, le droit au traitement de 100 francs, affecté à la décoration de la médaille militaire.

10 — 1869. — A la nouvelle du désastre qui vient

de frapper la commune de Buzan (Ariège), l'Empereur envoie, comme premier secours, une somme de 2,000 francs pour être répartie entre les familles incendiées.

11 — 1862. — Pose de la première pierre du monument élevé à Magenta en l'honneur de nos héroïques soldats morts dans la mémorable journée du 4 juin 1859.

1867. — Inauguration sur le champ de bataille de Montmirail du monument destiné à conserver le souvenir du combat livré par Napoléon Ier le 11 février 1814.

12 — 1855. — Une pension de 20,000 francs est accordée aux veuves des maréchaux Bugeaud et Saint-Arnaud, à titre de récompense nationale.

1867. — Décret relatif aux mesures à prendre pour hâter le développement des connaissances agricoles dans les écoles normales primaires, communales, et dans les cours d'adultes des communes rurales.

13 — 1868. — L'Empereur visite les quarante-deux maisons qu'il a fait construire pour les ouvriers, avenue Daumesnil, et pour lesquelles il a dépensé une somme de 280,000 francs. — Peu de temps après, Sa Majesté en fit don à la Société immobilière des ouvriers.

14 — 1853. — A l'occasion de l'ouverture du Sénat et du Corps législatif réunis avec le conseil d'Etat autour de sa personne, dans la salle des Maréchaux, l'Empereur dit :

« Il y a un an, je vous réunissais dans cette enceinte pour inaugurer la Constitution, promulguée en vertu des pouvoirs que le peuple m'avait conférés. Depuis cette époque, le calme n'a pas été troublé. La loi, en reprenant son empire, a permis de rendre à leurs foyers la plupart des hommes frappés par une rigueur nécessaire. La richesse nationale s'est élevée à un tel point que la partie de la fortune mobilière, dont on peut chaque jour apprécier la valeur, s'est accrue, à elle seule, de deux milliards environ.

» L'activité du travail s'est développée dans toutes les industries ; les mêmes progrès se réalisent en Afrique.

» ... Toutes les puissances ont reconnu le nouveau

gouvernement. La France a aujourd'hui des institutions qui peuvent se défendre d'elles-mêmes et dont la stabilité ne dépend pas de la vie d'un homme.

» ... A ceux qui regretteraient qu'une part plus large n'ait pas été faite à la liberté, je répondrais : « La liberté n'a jamais aidé à fonder d'édifice politique durable : elle le couronne quand le temps l'a consolidé. » N'oublions pas d'ailleurs que, si l'immense majorité du pays a confiance dans le présent et foi dans l'avenir, il reste toujours des individus incorrigibles qui, oublieux de leur propre expérience, de leurs terreurs passées, de leurs désappointements, s'obstinent à ne tenir aucun compte de la volonté nationale, nient imprudemment la réalité des faits, et, au milieu d'une mer qui s'apaise chaque jour davantage, appellent des tempêtes qui les engloutiraient les premiers... »

1854. — Prise de possession de la Nouvelle-Calédonie et de ses dépendances ainsi que l'île des Pins, par le contre-amiral Febvrier-Despointes.

15 — 1856. — Un traité d'amitié, de commerce et de navigation est conclu entre la France et le royaume de Siam.

1861. — La Société anonyme formée à Paris sous la dénomination de Crédit agricole est autorisée.

1865. — Discours d'ouverture de la session législative. — L'Empereur, s'adressant aux sénateurs et aux députés, dit :

« La religion et l'instruction publique sont l'objet de mes constantes préoccupations. Tous les cultes jouissent d'une égale liberté ; le clergé catholique exerce, même en dehors de son ministère, une légitime influence : par la loi de l'enseignement, il concourt à l'éducation de la jeunesse ; par la loi électorale, il peut entrer dans les conseils publics ; par la Constitution, il siège au Sénat. Mais plus nous l'entourons de considération et de déférence, plus nous comptons qu'il respectera les lois fondamentales de l'État. Il est de mon devoir de maintenir intacts les droits du pouvoir civil, que depuis Saint-Louis aucun souverain de France n'a jamais abandonnés.

» Le développement de l'instruction publique mérite votre sollicitude. Dans le pays du suffrage universel, tout citoyen doit savoir lire et écrire. Un projet de loi vous sera présenté pour propager de plus en plus l'instruction primaire.

» Je m'efforce tous les ans de diminuer les entraves qui s'opposent depuis si longtemps en France à la libre expansion de l'initiative individuelle. Par la loi sur les coalitions votée l'année dernière, ceux qui travaillent, comme ceux qui font travailler, ont appris à vider entre eux leurs différends, sans compter toujours sur l'intervention du gouvernement, impuissant à régler les rapports si variables entre l'offre et la demande...

» J'ai tenu à détruire tous les obstacles qui s'opposaient à la création des Sociétés destinées à améliorer la condition des classes ouvrières. En permettant l'établissement de ces Sociétés, sans abandonner les garanties de la sécurité publique, nous faciliterons cette utile expérience.

» La liberté commerciale, inaugurée par le traité avec l'Angleterre, s'est étendue à nos relations avec l'Allemagne, la Suisse et les royaumes unis de Suède et de Norwège. Les mêmes principes devaient naturellement s'appliquer à l'industrie des transports maritimes. Une loi s'étudie pour établir sur mer la concurrence, qui seule excite le progrès. Enfin l'achèvement rapide de nos chemins de fer, de nos canaux, de nos routes, est le complément obligé des améliorations commencées. Nous accomplirons cette année une partie de notre tâche, en provoquant les entreprises particulières, ou en affectant aux travaux publics les ressources de l'Etat sans compromettre la bonne économie de nos finances et sans recours au crédit...

» C'est grâce à une législation libérale, grâce à l'impulsion donnée à tous les éléments de la richesse nationale, que notre commerce extérieur qui, en 1851, était de 2 milliards 614 millions de francs, monte aujourd'hui au chiffre prodigieux de sept milliards... »

16 — 1854. — Informé qu'il s'organise à Paris un système de secours distribués à domicile, par les soins d'une commission spéciale, aux ouvriers sans travail et aux familles nécessiteuses non inscrites aux bureaux de bienfaisance, l'Empereur fait remettre à M. Piétri une somme de 100,000 francs pour être versée dans la caisse affectée spécialement à secourir les pauvres honteux.

1857. — L'Empereur ouvre la session législative. Dans son discours, Sa Majesté dit aux députés :

« ... J'appelle votre attention sur une loi qui tend à fertiliser les landes de la Gascogne. Les progrès de l'agriculture doivent être un des objets de notre constante sollicitude, car de son amélioration ou de son déclin date la prospérité ou la décadence des empires... Fort du concours des grands corps de l'Etat et du dévouement de l'armée, fort surtout de l'appui de ce peuple, qui sait que tous nos instants sont consacrés à ses intérêts, j'entrevois pour notre patrie un avenir plein d'espoir.

» La France, sans froisser les droits de personne, a repris dans le monde le rang qui lui convenait, et peut se livrer avec sécurité à tout ce que produit de grand le génie de la paix. Que Dieu ne se lasse pas de la protéger, et bientôt l'on pourra dire de notre époque ce qu'un homme d'Etat, historien illustre et national, a écrit du Consulat : « *La satisfaction était partout ; et quiconque n'avait pas dans le cœur les mauvaises passions des partis, était heureux du bonheur public.* »

1859. — Prise de Saïgon (Cochinchine.)

17 — 1852. — L'Empereur envoie 10,000 francs à M. Foucault, auteur de plusieurs travaux scientifiques, notamment sur le pendule appliqué à la démonstration du mouvement de la terre.

1855. — Victoire d'Eupatoria (Crimée). — Les Russes profitant de l'obscurité firent des travaux immenses autour de cette place. Ces préparatifs faits, une centaine de batteries furent mises en place, et à cinq heures du matin quatre-vingts pièces de canon ouvrirent un feu très nourri contre la ville. Après plusieurs heures de combat, les Russes s'enfuirent en désordre, laissant 500 hommes sur le champ de bataille.

18 — 1860. — Rapport à l'Empereur, par M. Rouher, ministre de l'agriculture, du commerce et des travaux publics, sur la réforme du tarif des matières premières.

1866. — Dans la réponse de l'Empereur à l'Adresse des députés, on remarque le passage suivant :

« La France veut ce que nous voulons tous : la sta-

bilité, le progrès et la liberté, mais la liberté qui
développe l'intelligence, les instincts généreux, les
nobles efforts du travail et non la liberté qui, voisine
de la licence, excite les mauvaises passions, détruit
toutes les croyances, ranime les haines et enfante
le trouble. Nous voulons cette liberté qui éclaire, qui
contrôle, qui discute les actes du gouvernement, *et
non celle qui devient une arme pour le miner sourde-
ment et le renverser.* »

1863. — Combat de San-José (Mexique). — Dans ce
combat, l'ennemi, qui était dix fois plus nombreux,
fut mis en déroute par nos chasseurs d'Afrique, sous
les ordres du capitaine Foucault.

19 — 1859. — Pose de la première pierre de l'é-
glise russe construite dans le faubourg Saint-Honoré,
à Paris.

1862. — L'Empereur visite le château de Saint-
Germain, et arrête les mesures nécessaires pour la
restauration de ce monument historique et l'installation d'un musée gallo-romain.

20 — 1864. — Décret impérial portant promulgation du traité de commerce conclu entre la France et
l'Italie.

1865. — Napoléon III adresse une lettre au ministre de l'intérieur relative aux embellissements de la
ville de Lyon :

« A mon dernier passage à Lyon, dit-il, je me suis
entretenu avec le préfet, M. Chevreau, de différentes
mesures d'utilité publique que je désire voir exécuter
dans cette ville.

» Un des premiers actes de mon gouvernement,
vous le savez, a été de réunir à Lyon la Guillotière,
Vaise et la Croix-Rousse... Mais notre tâche resterait
inachevée si les quartiers éloignés, que j'ai entendu
relier au centre, en étaient encore séparés par des
péages ou par d'autres obstacles, et si les embellissements de la ville ne s'étendaient pas jusqu'à eux. Tous
les habitants de l'agglomération lyonnaise, soumis aux
mêmes charges, doivent participer aux mêmes avantages.

Pour atteindre ce résultat, il est essentiel de prendre les dispositions suivantes : 1° Affranchissement

des ponts de la Saône; 2° Démolition des murs d'enceinte de la Croix-Rousse; 3° Création d'un square à la Guillotière et sur les terrains du grand séminaire... Je désire donc remplacer le mur d'octroi, œuvre de défiance d'une autre époque, par un vaste boulevard planté, témoignage durable de ma confiance dans le bon sens et dans le patriotisme de la population lyonnaise... »

21 — 1863. — Décret impérial ordonnant l'exécution des travaux nécessaires pour l'amélioration du port de Dieppe.

22 — 1851. — Loi relative aux contrats d'apprentissage. — Cette loi détermine les bases du contrat d'apprentissage dans l'intérêt des familles ouvrières et dans celui de l'industrie. Elle a pour but d'assurer aux apprentis des deux sexes de légitimes garanties d'instruction et de moralité, sans porter atteinte à la liberté du travail et aux droits de la famille.

1860. — Napoléon III, usant de la prérogative que lui confère la Constitution, signe un traité de commerce avec l'Angleterre. Ce traité, préparé par M. Cobden et par M. Michel Chevalier, fut négocié par lord Cowley, MM. Baroche et Rouher. (V. 1er mars.)

1862. — Napoléon III adresse une lettre au général Cousin-Montauban, comte de Palikao, relative à une dotation de 50,000 francs à titre de récompense nationale.

1866. — Le Prince Impérial est nommé président d'honneur de la commission impériale de l'Exposition universelle de 1867.

23 — 1852. — Le Prince Louis Napoléon voulant donner lui-même une impulsion aux études scientifiques, crée un prix de cinquante mille francs à la découverte qui rendrait la pile de Volta applicable avec économie, soit à l'industrie comme source de chaleur et de lumière, soit à la chimie, soit à la mécanique, soit à la médecine pratique. — Ce prix fut adjugé en 1864 à M. Rumkorff, fabricant d'appareils électro-magnétiques.

24 — 1858. — La liberté de la boucherie. — Décret impérial abolissant la plupart des dispositions réglementaires auxquelles l'industrie de la boucherie était précédemment soumise.

1864. — Un décret autorise, sur la seule approbation donnée par les préfets aux projets des ingénieurs et aux adjudications, les travaux concernant les routes départementales dont la dépense, quel qu'en soit le montant, aura été allouée au budget, toutes fois qu'ils n'exigeront ni acquisition de terrains, ni changements dans la direction ou les alignements des routes, ni grands travaux d'art.

25 — 1849. — Le Prince Louis Napoléon se rend à Noyon pour assister à la fête d'inauguration du chemin de fer de Creil à Saint-Quentin.

1861. — Décret portant promulgation du traité conclu entre la France et la principauté de Monaco.

1869. — Décret impérial qui approuve la déclaration signée entre la France et la Belgique, relative à la garantie réciproque de la propriété des œuvres de littérature et d'art.

26 — 1854. — Décret qui ouvre un nouveau crédit de deux millions pour subvenir aux travaux d'utilité communale.

1862. — L'institution des crèches est placée sous la protection de l'Impératrice Eugénie.

Cette institution de bienfaisance a pour but de procurer aux enfants pauvres un air pur, des aliments sains, suffisants, appropriés à leur âge, une température convenable, la propreté et des soins non interrompus; en outre, de donner à la mère la liberté de son temps, de ses bras, et de lui permettre de se livrer au travail sans inquiétude. — Il existait, en 1868, vingt-deux crèches dont l'organisation avait été approuvée par l'Impératrice. Ces institutions ont recueilli 2,352 enfants qui ont fourni 160,000 journées de présence et ont occasionné une dépense de 85,500 francs environ.

1863. — Inauguration du concours de Korn-er-Houet (Bretagne), sous le patronage de S. A. I. le Prince Impérial, ayant pour but les défrichements, reboisements, bonne tenue des fermes, bestiaux et services ruraux.

27 — 1852. — Décret qui accorde à la sœur Rosalie la croix de la Légion d'honneur.

1864. — Sur le rapport de M. Duruy, ministre de

l'instruction publique et des cultes, une commission est instituée à l'effet de préparer l'organisation d'une expédition scientifique au Mexique.

28 — 1851. — La télégraphie électrique est mise à la disposition du public.

1863. — Décret portant que le titre de préfet honoraire pourra être conféré aux préfets placés hors des cadres d'activité ou admis à la retraite, et que les mêmes dispositions sont applicables aux sous-préfets et aux secrétaires généraux de préfecture.

29 — 1856. — Une entrevue a lieu au pont de Traktir, sur la Tchernaïa, entre les généraux français, anglais et russes, pour la suspension des hostilités. Pendant que les généraux de Martimprey, Wyndham et Tatchimoff en réglaient les conventions, un grand nombre de soldats russes, malgré la consigne, passèrent la Tchernaïa, et vinrent fraterniser avec nos chasseurs et nos zouaves.

MARS

> Mon mobile, c'est l'amour du pays ; mon but, c'est que la religion et la raison l'emportent sur l'utopie, c'est que la bonne cause ne tremble plus devant l'erreur.
>
> NAPOLÉON III.

1er — 1860. — Ouverture des Chambres. — Après avoir fait l'exposé de la politique extérieure, l'Empereur dit aux députés :

« Mon gouvernement va immédiatement vous soumettre un ensemble de mesures qui ont pour but de faciliter la production, d'accroître, par la vie à bon marché, le bien-être de ceux qui travaillent et de multiplier nos rapports commerciaux. Le premier pas à faire dans cette voie était de fixer l'époque de la suppression de ces barrières infranchissables qui, sous le nom de prohibition, en excluant de nos marchés beaucoup de produits étrangers, contraignaient les autres nations à une réciprocité fâcheuse pour nous.

» Mais quelque chose de plus difficile nous arrêtait encore, c'était le peu de penchant pour un traité de commerce avec l'Angleterre. Aussi ai-je pris résolûment sur moi la responsabilité de cette grande mesure... Le traité n'a donc fait qu'avancer l'époque de modifications salutaires et donner à des réformes indispensables le caractère de concessions réciproques, destinées à fortifier l'alliance de deux grands peuples. Afin que ce traité puisse produire ses meilleurs effets, je réclame votre concours le plus énergique pour l'adoption des lois qui doivent en faciliter la mise en pratique. J'appelle surtout votre attention sur les voies de communication, qui, seules, par leur développement, peuvent nous permettre de lutter avec l'industrie étrangère... Continuons donc fermement notre marche dans le progrès, sans nous laisser arrêter ni par les murmures de l'égoïsme, ni par les clameurs des partis, ni par d'injustes défiances...»

2 — 1854. — Napoléon III ouvre la session législative. Dans son discours, on remarque le passage suivant qui démontre que, dès son avènement au trône, la pensée de l'Empereur était d'améliorer le sort des travailleurs des villes et des campagnes :

« Je recommande surtout à votre attention le système adopté par la ville de Paris : car, s'il se répand, comme je l'espère, par toute la France, il préviendra désormais, pour la valeur des céréales, ces variations extrêmes qui, dans l'abondance, font languir l'agriculture par le vil prix du blé, et, dans la disette, font souffrir les classes nécessiteuses par sa cherté excessive. Ce système consiste à créer dans tous les grands centres de population une institution de crédit appelée *Caisse de boulangerie*, qui puisse donner, durant les mois d'une mauvaise année, le pain à un taux beaucoup moins élevé que la mercuriale, sauf à le payer un peu plus cher dans les années de fertilité. Celles-ci étant en général plus nombreuses, on conçoit que la compensation s'opère facilement...»

D'après ce système, le prix du pain à Paris ne devait jamais excéder 20 centimes le demi-kilogramme.

1854. — Sur le désir exprimé par l'Impératrice, l'hôpital Sainte-Eugénie, situé au faubourg Saint-

Antoine, 110, est approprié pour recevoir les enfants malades. (V. 18 juillet.)

1859. — Décret qui ordonne l'application en Algérie de la loi sur l'assistance judiciaire.

1868. — L'Impératrice Eugénie fait un don de six mille francs aux Sociétés de Charité maternelle.

3 — 1856. — Ouverture des Chambres. — Pendant les négociations qui précédèrent le traité de paix, l'Empereur ouvrit la session législative ; il prononça un discours dans lequel nous relevons une phrase significative, qui prouve cet amour de la paix dont il était possédé au dernier point. Parlant des souverains qui viennent de visiter la France, à l'occasion de l'Exposition universelle, Napoléon III s'exprime en ces termes :

« Ces souverains ont pu voir un pays naguère si agité et déshérité de son rang dans les conseils de l'Europe, aujourd'hui prospère, paisible et respecté, faisant la guerre, non pas avec le délire momentané de la passion, mais avec le calme de la justice et l'énergie du devoir. Ils ont vu la France, qui envoyait deux cent mille hommes à travers les mers, convoquer en même temps à Paris tous les arts de la paix, comme si elle eût voulu dire à l'Europe : « La guerre » actuelle n'est encore pour moi qu'un épisode ; mes » idées et mes forces sont en partie toujours dirigées » vers les arts de la paix. Ne négligeons rien pour » nous entendre, et ne me forcez pas à jeter sur les » champs de bataille toutes les ressources et toute » l'énergie d'une grande nation. »

1860. — Promulgation du traité d'amitié, de commerce et de navigation conclu entre la France et la République du Salvador.

1862. — Loi qui ouvre un crédit extraordinaire de deux millions pour subvention aux travaux d'utilité communale et pour secours à distribuer aux institutions de bienfaisance.

1868. — Napoléon III décide que la publication des œuvres de l'illustre physicien Léon Foucault aura lieu aux frais la cassette impériale.

4 — 1862. — En présence de la situation difficile des ouvriers dans les grands centres manufacturiers,

Napoléon III ordonne au ministre de sa Maison de prélever sur sa cassette particulière une somme de 250,000 francs pour la distribuer entre les ouvriers de Lyon, Saint-Etienne, Lille et Rouen.

1868. — L'Empereur Napoléon III fait don à la colonie algérienne d'un troupeau de moutons provenant de la bergerie impériale de Rambouillet.

5 — 1853. — Décret impérial qui autorise l'établissement de commissaires de police départementaux et supprime les inspecteurs généraux et spéciaux de police.

1859. — Décret qui dispose que les titres conférés à des Français par des souverains étrangers ne peuvent être portés en France qu'avec l'autorisation de l'Empereur.

6 — 1858. — Une loterie ayant été organisée à Tain (Drôme), pour créer un établissement spécial pour les épileptiques, Napoléon III envoie au président de l'œuvre un magnifique lot d'argenterie et le prix de cinq mille billets.

1865. — Rapport à l'Empereur, par M. Duruy, ministre de l'instruction publique, sur l'enseignement primaire; il constate qu'en 1863, 4,336,368 enfants ont fréquenté les écoles primaires, tandis qu'en 1832, il n'y en avait eu que 1,935,624, et, en 1847, 3,530,135. M. Duruy propose plusieurs réformes, entre autres la gratuité et l'obligation.

Depuis cette époque, le nombre des élèves s'est encore considérablement accru ; en 1866, il était de 4,515,967.

La gratuité absolue de l'enseignement primaire avait fait également beaucoup de progrès : en 1867, on constatait que 3,433 communes faisaient face aux dépenses de la gratuité avec leurs seules ressources. En 1869, il y avait 3,558 communes ayant établi l'enseignement gratuit dans 5,800 écoles. (V. 15 mars).

7 — 1854. — L'Etat ayant besoin de ressources extraordinaires pour faire face aux frais de la guerre de Crimée, le gouvernement présenta à la Chambre des députés un projet de loi qui l'autorisait à ouvrir un emprunt. Le lendemain, l'emprunt fut voté par acclamation, et le Corps législatif tout entier se rendit aux Tuileries pour présenter la loi à l'Empereur.

Sa Majesté répondit en ces termes aux paroles que lui adressa son président, M. Billault :

« Je suis très touché de l'empressement que vous avez mis à voter cette loi. Votre adhésion me prouve que je ne me suis pas trompé dans la marche que j'ai suivie. Comment n'aurais-je pas compté sur votre concours ? Nous avons tous les mêmes sentiments, nous représentons tous les mêmes intérêts, car, vous et moi, nous sommes les élus de la France. »

1857. — Une école paroissiale de garçons, dans le 8ᵉ arrondissement de Paris, avait été, depuis six ans, fondée et entretenue par l'œuvre des apprentis ; cette école, qui recevait chaque soir près de 300 élèves, se trouva, par suite de différentes circonstances, dans l'impossibilité de continuer à subvenir aux frais d'entretien. L'Empereur, ayant été informé de ce fait, décida que cette école serait rouverte, et déclara vouloir se charger de toutes les dépenses nécessaires. Cet établissement fut placé sous le patronage du Prince Impérial.

8 — 1850. — Un crédit de 300,000 francs est ouvert pour secours aux établissements de bienfaisance.

1855. — Napoléon III, pénétré de la pensée que l'ouvrier en sortant de l'hôpital n'a point les forces nécessaires pour reprendre son travail, établit, sur le domaine de la couronne, à Vincennes et au Vésinet, deux établissements pour les ouvriers convalescents ou mutilés dans le cours de leurs travaux. — Il suffit de donner quelques chiffres pour démontrer l'utilité de cette admirable institution de bienfaisance. En 1868, 11,640 convalescents furent admis dans l'Asile impérial de Vincennes et fournirent 188,059 journées de présence. La durée moyenne du séjour de chaque convalescents a été de seize jours, et le nombre moyen des présents de 515 par jour. Pendant la même année, 6,602 femmes entrèrent à l'Asile du Vésinet et fournirent 123,059 journées de présence auxquelles s'ajoutèrent 15,585 journées de nourrissons. Le nombre moyen des convalescentes a été de 337 par jour.

9 — 1861. — Napoléon III, répondant à l'Adresse de la Chambre des députés, dit :

« Être de son époque, conserver du passé tout ce qu'il y a de bon, préparer l'avenir en dégageant la marche de la civilisation, des préjugés qui l'entravent ou des utopies qui la compromettent, voilà comment nous léguerons à nos enfants des jours calmes et prospères....

» Issus du même suffrage, guidés par les mêmes sentiments, aidons-nous mutuellement à concourir à la grandeur et à la prospérité de la France. »

1864. — Exécution des travaux du réservoir de Ménilmontant et de l'aqueduc de dérivation des eaux de la Marne.

10 — 1855. — Décret par lequel la loi portant suppression de la mort civile et celle sur l'exécution de la peine des travaux forcés, sous certaines modifications, sont déclarées exécutoires dans les colonies françaises.

1855. — L'Empereur et l'Impératrice font remettre aux ministres de la guerre et de la marine une somme de 10,000 francs pour secourir les familles des soldats et marins qui ont péri dans le naufrage de la *Sémillante*.

11 — 1854. — Premier emprunt national. — Au lieu de recourir aux capitalistes, aux puissantes associations, le gouvernement de l'Empereur s'adressa à tout le monde.

1866. — L'Impératrice Eugénie fait don de deux magnifiques lots à la loterie organisée pour venir en aide aux victimes des désastres de la Guadeloupe.

12 — 1854. — Un traité d'alliance est conclu entre la France, l'Angleterre et la Turquie.

1856. — L'Impératrice Eugénie fait remettre des médailles à vingt-cinq directrices de salles d'asiles, en témoignage de satisfaction.

1857. — Un décret impérial accorde à Mme Elisabeth Balisle, veuve de M. de Martignac, ancien ministres de l'intérieur sous Charles X, une pension de six mille francs.

13 — 1850. — Loi relative à l'assainissement des logements insalubres habités par les ouvriers des grandes villes.

1862. — Promulgation du traité d'amitié, de commerce et de navigation conclu entre la France et la République du Pérou.

1869. — Promulgation du traité de paix et de com
merce conclu entre la France et Madagascar.

14 — 1855. — A la suite d'un conseil de guerre
tenu à Kamiesch, et auquel assistèrent les amiraux
Bruat, Lyons, le général Canrobert, lord Raglan et
Omer-Pacha, les travaux de tranchées du côté de la
Tour Malakoff furent poussés avec une grande activité. Pour les détruire, les Russes ouvrirent un feu
épouvantable contre les Français. Jamais on n'avait
entendu une pareille canonnade. Il était impossible
de dire deux mots sans avoir la parole coupée par un
coup de canon. Lorsque le général Gortschakoff crut
avoir attiré, par ce feu extraordinaire, toute l'attention des alliés, il fit une sortie imprévue du côté opposé : elle échoua, grâce à l'énergie du 10e et 50e de
ligne et du 3e zouaves.

1867. — L'Impératrice répartit une somme de
69,000 francs entre les Sociétés de Charité maternelle
établies dans les principales villes de France.

15 — 1850. — Loi sur la liberté de l'enseignement.
— L'article 23 de cette loi dit : « L'enseignement primaire comprend : l'instruction morale et *religieuse*,
la lecture, l'écriture, les éléments de la langue française, le calcul et le système légal des poids et mesures.
— Il peut comprendre en outre : l'arithmétique appli-
quée aux opérations pratiques, les éléments de l'histoire et de géographie, etc., l'arpentage, le nivelle-
ment, le dessin linéaire, le chant et la gymnastique.
D'après l'article 25, l'enseignement primaire est donné
gratuitement à tous les enfants dont les familles sont
hors d'état de le payer. — Tout Français âgé de vingt
et un ans accomplis peut exercer dans toute la France
la profession d'instituteur primaire, *public* ou *libre*,
s'il est muni d'un brevet de capacité (art. 25).
Quoi de plus ? Eh bien ! la République qui n'a jamais rien inventé, ni rien construit de solide, vient
de parodier cette loi. Elle supprime l'enseignement
religieux, soit catholique, protestant ou israélite, qui
est la base fondamentale de toute société bien organisée, et le remplace par l'enseignement *civique* (article 1er), c'est-à-dire plus de croyance, plus de foi : boire,
manger et dormir, voilà le dieu républicain. C'est
l'homme réduit à l'état de brute, l'égal des animaux

les plus vulgaires. C'est du 93 pur sang. (V. 6 mars
et 10 avril.)

1867. — A l'occasion de l'anniversaire de la naissance du Prince Impérial, l'Empereur Napoléon III décide que des secours extraordinaires seront distribués
aux marins âgés et infirmes, ainsi qu'aux veuves et
orphelins de marins; et que quarante-six médailles
en or et en argent seront accordées aux auteurs de
différents actes de sauvetage.

16 — 1856. — Naissance du Prince Impérial. —
Au milieu des acclamations qui accueillaient la nouvelle des victoires remportées par les soldats français en Crimée, la voix du canon des Invalides annonce au peuple de Paris la naissance d'un héritier
au trône impérial. Cet écho se répand avec la rapidité
de la foudre dans toute la France et l'Europe, et de
toutes parts arrivent les vœux et les félicitations à
l'adresse de la Famille Impériale.

17 — 1856. — A l'occasion de la naissance du
Prince Impérial, Napoléon III fait répartir une somme
de 100,000 francs entre les bureaux de bienfaisance
des principales villes et communes où sont situés les
domaines de la couronne; en outre, l'Empereur fait
également distribuer une somme de 70,000 francs entre
les Sociétés d'Auteurs, Compositeurs, Gens de lettres,
Artistes dramatiques, Peintres, Musiciens, Sculpteurs
et Inventeurs.

1864. — L'Empereur inscrit son nom en tête de la
liste des protecteurs de la Société de secours mutuels
des ouvriers peintres de la maison Leclaire et Cᵉ.

18 — 1852. — Un décret du Prince Louis Napoléon ordonne l'achèvement du Louvre et la jonction
de ce palais aux Tuileries.

1856. — La première pensée de Napoléon III, après
la naissance du Prince Impérial, fut une pensée de
clémence. Il fit connaître que l'autorisation de rentrer en France serait accordée à tous les condamnés
politiques qui déclareraient se soumettre loyalement
au gouvernement et s'engageraient d'honneur à en
respecter les lois.

— Le conseil municipal de la Seine vote, à l'occasion de la naissance du Prince Impérial, une somme

de 200,000 francs destinée à être employée : partie au payement des mois de nourrice dus par des familles indigentes; partie au dégagement d'objets de literie et d'outils déposés au Mont-de-Piété.

1856. — Les plénipotentiaires au Congrès de Paris s'empressent de se rendre aux Tuileries pour féliciter l'Empereur à l'occasion de la naissance du Prince Impérial :

« Je remercie le Congrès, répondit Napoléon III, des vœux et des félicitations qu'il m'adresse. Je suis heureux que la Providence m'ait envoyé un fils au moment où une ère de réconciliation générale s'annonce pour l'Europe. Je l'élèverai dans ce sentiment que les peuples ne doivent pas être égoïstes, et que le repos de l'Europe dépend de la prospérité de chaque nation. »

— L'Empereur reçoit également en audience solennelle le Sénat, le Corps législatif et le conseil d'Etat.

Aux félicitations que lui adressait le président du Sénat, M. Troplong, l'Empereur répondit :

« Le Sénat a partagé ma joie en apprenant que le ciel m'avait donné un fils, et vous avez salué comme un événement heureux la venue au monde d'un *Enfant de France*. C'est avec intention que je me sers de ce mot. En effet, l'Empereur Napoléon, mon oncle, qui avait appliqué au nouveau système créé par la Révolution tout ce que l'ancien régime avait de grand et d'élevé, avait repris cette ancienne dénomination des Enfants de France. C'est qu'en effet, messieurs, lorsqu'il naît un héritier destiné à perpétuer un système national, cet enfant n'est pas seulement le rejeton d'une famille, mais il est véritablement encore le fils du pays tout entier, et ce nom lui indique ses devoirs. Si cela était vrai sous l'ancienne monarchie, qui représentait plus exclusivement les classes privilégiées, combien à plus forte raison aujourd'hui que le Souverain est l'élu de la Nation, le premier citoyen du pays et le représentant des intérêts de tous. »

— Réponse de l'Empereur aux félicitations du Corps législatif sur la naissance du Prince Impérial :

« J'ai été touché, dit-il, de la manifestation de vos sentiments à la naissance du fils que la Providence a bien voulu m'accorder... Les acclamations unanimes

qui entourent son berceau ne m'empêchent pas de
réfléchir sur la destinée de ceux qui sont nés et dans
le même lieu et dans des circonstances analogues....
Ensuite, l'histoire a des enseignements que je n'ou-
blierai pas. Elle me dit, d'une part, qu'il ne faut jamais
abuser des faveurs de la fortune ; de l'autre, qu'une
dynastie n'a de chances de stabilité que si elle reste
fidèle à son origine en s'occupant uniquement des
intérêts populaires pour lesquels elle a été créée.... »

19 — 1854. — Le général Canrobert et le premier
convoi de troupes s'embarquent à Marseille pour la
Turquie.

1856. — L'Empereur et l'Impératrice décident qu'ils
seront parrain et marraine de tous les enfants légitimes nés en France, le jour de la naissance du Prince
Impérial. De plus, Leurs Majestés manifestent l'intention de veiller sur ceux de ces enfants qui devien-
draient orphelins.

20 — 1855. — Napoléon III passe la revue de la
division de la garde et remet aux différents corps les
drapeaux qu'ils doivent emporter en Crimée. Dans son
allocution, l'Empereur s'exprime ainsi :

« Soldats, l'armée est la véritable noblesse de notre
pays ; elle conserve intactes, d'âge en âge, les traditions de gloire et d'honneur national. Aussi votre
arbre généalogique (en montrant les drapeaux), le
voici ! Il marque à chaque nouvelle génération une
nouvelle victoire. Prenez donc ces drapeaux, je les
confie à votre honneur, à votre courage, à votre patriotisme. »

1865. — Une députation du Sénat est reçue par
l'Empereur dans la salle du Trône. Elle présente à Sa
Majesté l'Adresse votée par les sénateurs en réponse
au discours d'ouverture de la session. Napoléon III a
répondu :

« Tous les ans, au commencement des discussions,
on éprouve d'abord une certaine inquiétude. On dirait
que les divergences d'opinion doivent empêcher toute
entente commune ; mais la vérité se fait jour, les
nuages se dissipent, les esprits se rassurent, et le
vote presque unanime de l'Adresse vient manifester
l'accord profond qui règne entre le gouvernement et
les assemblées délibérantes.

» Montesquieu dit « que l'union, dans un corps politique, réside dans cette harmonie qui fait que toutes les parties, quelque opposées qu'elles paraissent, concourent au bien général comme les dissonances dans la musique concourent à l'accord général. » Ne nous plaignons donc pas des dissonances, tant qu'elles nous permettent de nous féliciter de cette harmonie qui unit dans une seule pensée de stabilité, d'ordre et de progrès, les membres des assemblées que leur mérite personnel et leurs services passés ont désignés, soit au choix du peuple, soit au choix du souverain. »

21 — 1852. — Création des aumôniers des dernières prières. — Le Prince Louis Napoléon avait été frappé de l'abandon où restent les pauvres qui meurent. Cette bière qui s'en va seule, sans clergé, vers la fosse commune, l'avait navré. Pour remédier à cet état de choses, et sachant que le clergé paroissial n'est pas assez nombreux pour accompagner tous les morts, il établit des aumôniers dans chaque cimetière de Paris, lesquels, à la demande des familles, accompagnent *gratuitement* les corps jusqu'à la fosse et y récitent les prières accoutumées.

Cette dernière consolation des déshérités de la fortune n'existe plus aujourd'hui. Les aumôniers ont été supprimés par les républicains. (V. 3 avril.)

1852. — Distribution de la nouvelle médaille militaire créée par le Prince Louis Napoléon. — A cette occasion, le Prince adresse aux sous-officiers et soldats une allocution où, dans quelques paroles bien senties, il sut faire pénétrer dans l'esprit de l'armée la signification de cette nouvelle institution :

« Quand on est témoin comme moi, dit-il, de tout ce qu'il y a de dévouement, d'abnégation et de patriotisme dans les rangs de l'armée, on déplore souvent que le gouvernement ait si peu de moyens de reconnaître de si grands services. L'admirable institution de la Légion d'honneur perdrait de son prestige, si elle n'était renfermée dans de certaines limites. Cependant, combien de fois ai-je regretté de voir des soldats et des sous-officiers rentrer dans leurs foyers sans récompense, quoique par la durée de leur service, par des blessures, par des actions dignes d'éloges, ils eussent mérité un témoignage de satisfaction de la patrie ! C'est pour le leur accorder que j'ai institué cette médaille. Elle leur assurera cent francs de rente viagère ; c'est peu, certainement, mais ce qui est beaucoup, c'est le ruban que vous porterez sur la poitrine, et qui dira à vos camarades, à vos familles, à vos concitoyens, que celui qui le porte est un brave.

» Cette médaille ne vous empêchera pas de prétendre à la croix de la Légion d'honneur, si vous en êtes jugé digne ; au contraire, elle sera comme un premier degré pour l'obtenir, puisqu'elle vous signale d'avance à l'attention de vos chefs... »

1860. — L'Empereur reçoit une députation de conseillers provinciaux de la Savoie et de conseillers municipaux des principales villes chargés de présenter à Sa Majesté les Adresses de leurs concitoyens au sujet de l'annexion.

1865. — L'Impératrice Eugénie visite l'imprimerie de M. Paul Dupont, à Asnières. Sa Majesté remet 500 francs pour les ouvriers.

22 — 1855. — Siège de Sébastopol. — Les Russes font une nouvelle sortie formidable contre les tranchées du côté de la tour Malakoff ; ils sont arrêtés par 2,000 Français, qui luttent pendant trois heures corps à corps contre un ennemi cinq fois plus nombreux. C'est un combat inouï. On se frappe, au milieu des ténèbres, à coups de crosse ou de baïonnette. Les Russes se retirent en désordre, laissant deux mille cinq cents hommes sur le terrain. (V. 14 mars.)

1862. — Prise du fort de Winh-Long (Cochinchine).

23 — 1853. — L'Empereur et l'Impératrice, désirant laisser des souvenirs de leur visite à Saint-Denis, envoient trente lots pour les jeunes filles qui ont assisté à leur cortège.

1865. — Un traité de commerce est conclu entre la France et les royaumes unis de Suède et de Norwège.

1869. — Napoléon III préside la séance du conseil d'Etat et résume les considérations qui avaient déterminé la présentation d'un projet de loi supprimant le livret des ouvriers. « La suppression du livret, dit-il, réclamée surtout comme une satisfaction morale, afin d'affranchir les ouvriers de gênantes formalités, complètera la série des mesures qui les placent dans le droit commun et les relèvent à leurs propres yeux.

Je n'ai pas la pensée qu'en suivant cette politique je ferai tomber toutes les préventions, je désarmerai toutes les haines et j'augmenterai ma popularité. Mais ce dont je suis bien convaincu, c'est que j'y puiserai une nouvelle énergie pour résister aux mauvaises passions. » Entraînée par la justesse des paroles de l'Empereur, la minorité du conseil, qui était pour le maintien du livret obligatoire, vota la suppression. (V. 31 mars.)

24 — 1860. — Annexion de la Savoie et du comté de Nice à la France. — L'Empereur des Français, représenté par ses plénipotentiaires, M. le baron de Talleyrand-Périgord et M. Benedetti; et le roi de Sardaigne, représenté par M. le comte Cavour et M. le chevalier Farini, concluent un traité qui réunit la Savoie et l'arrondissement de Nice à la France. A peine ce traité est-il porté à la connaissance du public, que de toutes les parties de la Savoie et du comté de Nice arrivent à l'Empereur des Adresses constatant l'adhésion et la joie des populations annexées. Cependant, pour écarter toute apparence d'une réunion imposée, Napoléon III décida que les intéressés pourraient émettre sans entraves, et par voie du suffrage universel, leur acceptation ou leur refus. Le résultat du scrutin donna 130,533 bulletins affirmatifs et 235 négatifs; 4,610 habitants seulement n'avaient pas pris part au vote. (V. 1er avril.)

25 — 1858. — L'Impératrice envoie un lot pour la loterie des Dames de Sainte-Marie, à Troyes.

1866. — L'Impératrice daigne répartir une somme de 70,000 francs entre les Sociétés de Charité maternelle, à l'occasion de l'anniversaire de la naissance du Prince Impérial.

26 — 1852. — Un décret du Prince Louis Napoléon remplace les lentes formalités de l'administration centrale par l'action prompte des autorités locales, et, sur cette considération que, si l'on peut gouverner de loin, on n'administre bien que de près, détermine les affaires départementales et communales qui pourront désormais se passer de la décision du chef de l'Etat ou du ministre de l'intérieur.

1852. — Décret allouant une somme considérable

pour les améliorations des maisons d'ouvriers dans les grandes villes.

27 — 1852. — Le Prince Louis Napoléon affecte le château de Rambouillet à l'établissement d'une maison d'éducation destinée aux filles ou orphelines sans fortune des familles dont les chefs auront obtenu la médaille militaire.

— Construction du Palais de l'Industrie. — Aucun édifice pour les Expositions industrielles permanentes n'existant à Paris, il appartenait au Prince Louis Napoléon de combler cette lacune. Le 27 mars 1852, il décréta qu'un palais, destiné à recevoir les Expositions nationales, et pouvant servir aux cérémonies publiques et aux fêtes civiles et militaires, serait construit d'après le système du Palais de Cristal de Londres et établi aux Champs-Elysées.

1865. — Napoléon III, apprenant les malheurs causés dans le département de l'Ariège par les rigueurs de la saison, envoie 5,000 fr. en son nom, 4,000 francs en celui de l'Impératrice et 1,000 francs au nom du Prince Impérial pour être distribués entre les familles nécessiteuses.

28 — 1853. — Une députation du haut commerce de la Cité de Londres est admise auprès de l'Empereur, afin de lui présenter une Adresse signée par quatre mille commerçants notables de cette ville, exprimant l'espoir que la paix sera maintenue entre les deux grandes nations et, par suite de leur concorde, dans le reste de l'Europe. Dans sa réponse aux délégués, Napoléon III s'exprime en ces termes :

« Depuis que je suis au pouvoir, mes efforts tendent constamment à développer la prospérité de la France. Je connais ses intérêts : ils ne sont pas différents de ceux de toutes les autres nations civilisées. Comme vous, je veux la paix, et, pour l'affermir, je veux, comme vous, resserrer les liens qui unissent nos deux pays. »

1858. — L'Empereur s'inscrit en tête de la souscription ouverte en faveur de Lamartine.

1860. — L'Empereur ordonne l'érection sur la rive droite de l'Oise, en face du pont de Compiègne, d'une statue de Jeanne d'Arc. (V. 24 juin.)

29 — 1852. — Le Prince Louis Napoléon ouvre la première session du Sénat et du Corps législatif :

« Il y a quelques mois à peine, dit-il, vous vous en souvenez, plus je m'enfermais dans le cercle étroit de mes attributions, plus on s'efforçait de le rétrécir encore, afin de m'ôter le mouvement et l'action. Découragé souvent, je l'avoue, j'eus la pensée d'abandonner le pouvoir ainsi disputé. Ce qui me retint, c'est que je ne voyais pour me succéder qu'une chose : *l'anarchie*. Partout, en effet, s'exaltaient des passions ardentes à détruire, incapables de rien fonder. Nulle part ni une institution, ni un homme à qui se rattacher ; nulle part un droit incontesté, une organisation quelconque, un système réalisable.

»... Résolu aujourd'hui, comme avant, de faire tout pour la France, rien pour moi, je n'accepterais de modifications à l'état présent des choses, que si j'y étais contraint par une nécessité évidente. D'où peut-elle naître? Uniquement de la conduite des partis. S'ils se résignent, rien ne sera changé. Mais si, par leurs sourdes menées, ils cherchaient à saper les bases de mon gouvernement ; si dans leur aveuglement ils niaient la légitimité du résultat de l'élection populaire ; si enfin, ils venaient sans cesse, par leurs attaques, mettre en question l'avenir du pays, alors, mais seulement alors, il pourrait être raisonnable de demander à la France un nouveau titre qui fixât irrévocablement sur ma tête le pouvoir dont il m'a revêtu... »

1864. — L'église Saint-Jean, à Dijon, l'ancienne paroisse de Bossuet, est rendue au culte catholique.

30 — 1855. — Création d'une école préparatoire à l'enseignement supérieur des sciences et lettres, à Nantes.

1856. — Traité de Paris. — Par ce traité, LL. MM. l'Empereur des Français, la reine Victoria, l'Empereur de toutes les Russies, le roi de Prusse, le roi de Sardaigne et l'Empereur des Ottomans, animés du désir de mettre un terme aux calamités de la guerre d'Orient, et voulant prévenir le retour des complications qui l'ont fait naître, résolurent de s'entendre avec l'Empereur d'Autriche sur les bases à donner au rétablissement et à la consolidation de paix en assurant, par des garanties efficaces et réciproques, l'indépendance et l'intégrité de l'empire ottoman.

La paix fut signée le 30 mars à Paris, et la satisfaction avec laquelle on accueillit cet acte important se manifesta par toute la France. L'Impératrice avait demandé que la plume qui servirait à la signature des plénipotentiaires lui fût conservée. Le désir de Sa Majesté étant connu, une plume fut arrachée à un aigle du Jardin des Plantes et ornée par le joaillier de la couronne d'emblèmes appropriés à la circonstance ; puis, après avoir servi à la signature des membres du Congrès, ce souvenir fut remis à Sa Majesté.

31 — 1855. — Création d'une Ecole préparatoire à l'enseignement supérieur des sciences et lettres, à Rouen.

1861. — Projet du percement des Alpes suisses.

1869. — Le livret des ouvriers. — La question de la suppression des livrets ayant été résolue dans une séance du conseil d'Etat, présidée par l'Empereur, un projet de loi fut déposé à cet effet au Corps législatif, le 31 mars 1869.

Les événements de 1870 ont arrêté la réalisation de ce projet. Mais les républicains, qui firent à cette époque une campagne en faveur de la suppression de l'obligation du livret, ne pourraient-ils pas réaliser les vœux qu'ils formulaient alors, aujourd'hui qu'ils sont les *maîtres ?*

AVRIL

Dans le pays du suffrage universel,
tout citoyen doit savoir lire et écrire.

NAPOLÉON III.

1er — 1852. — Le Prince Louis Napoléon dispose d'une somme de 1,000 francs pour être distribuée entre plusieurs familles d'ouvriers de Paris dont les chefs étaient privés de travail depuis plusieurs jours par suite d'un incendie.

1856. — A l'occasion du traité de paix, Napoléon III, entouré des représentants de toute l'Europe, passe au Champ de Mars une revue de 60,000 hommes. Le soir toute la capitale était splendidement illuminée ; les lampions s'allumaient presque sur les toits des maisons. Paris était devenu une véritable fournaise, on aurait cru la ville entière livrée à un effroyable incendie.

1857.—Un collège arabe-français est institué à Alger.

1860. — A la suite de la réunion de Nice à la France, les premiers bataillons de l'armée française font leur entrée dans cette ville et y sont reçus par la population avec le plus vif enthousiasme. On jette des fleurs et des couronnes sur leur passage aux cris de : Vive l'Empereur ! vive l'Impératrice ! vive le Prince Impérial ! (V. 24 mars.)

1867. — Napoléon III, l'Impératrice et le Prince Impérial inaugurent la grande Exposition universellé où 60,000 exposants avaient réuni dans le palais du Champ de Mars les éléments de toutes les richesses du globe. Cette gigantesque entreprise, admirable merveille, avait attiré dans notre capitale non seulement les Princes, mais les souverains de l'Europe. De grandes fêtes, semant partout l'abondance, eurent lieu en leur honneur aux Tuileries et à l'Hôtel de Ville, deux monuments incendiés en 1871 par la sœur de la République : la Commune.

2 — 1859. — Par décision impériale une médaille d'or et le prix de vingt mille francs sont décernés au colonel Laure pour la culture du coton en Algérie.

1861. — Napoléon III fait transporter en sa présence et en présence de l'Impératrice et du Prince Impérial, dans le tombeau construit au centre de la crypte du dôme des Invalides, les restes mortels de Napoléon Ier, son oncle, qui étaient déposés depuis 1840 dans la chapelle Saint-Jérôme. A la suite de cette cérémonie à laquelle assistaient également tous les Princes et Princesses de la Famille Impériale, et tous les hauts fonctionnaires de l'Etat, l'Empereur a remis le bâton de maréchal de France au général Ornano, gouverneur de l'Hôtel, et a accordé des décorations à plusieurs vétérans.

3 — 1852. — Organisation du service des aumôniers des prières du marin. — Si la France est jalouse
de sa gloire, elle l'est peut-être davantage de sa foi
religieuse et du droit de conscience qui appartient à
chacun de ses enfants (pas en République). Toutes les
nations civilisées ont placé un ministre de leur culte
à bord de leurs grands bâtiments. Nous-mêmes, après
avoir donné l'exemple aux autres nations, nous avons
jeté, en 1845, les premiers fondements de l'organisation du service des aumôniers de notre flotte, mais
sans aucun ensemble, sans lien commun, sans aucune
solidarité morale. Dans le but de combler cette lacune, le Prince Louis Napoléon décrète qu'il sera créé
un emploi d'aumônier de la flotte, chargé de la direction et de la centralisation du service religieux à la
mer.

1852. — Le Prince Louis Napoléon fait don à l'Hôtel
des Monnaies d'une collection précieuse de médailles
frappées sous le Consulat et l'Empire, et d'un mé-
dailler de toutes les monnaies d'or, d'argent et de
bronze frappées en 1806 dans le royaume d'Italie.

4 — 1857. — Création d'un réseau de chemins de
fer en Algérie. — Les chemins de fer ont fait des pos-
sessions africaines de véritables départements français ; le jour où ils sillonneront le sol de l'Algérie, la
conquête sera faite et les capitaux féconderont partout cette terre devenue pour la France un élément
de force dont elle ne saurait plus se passer, en présence du développement de la puissance anglaise par
ses vastes colonies.

1866. — Restauration et dégagement de la vieille
église de Saint-Médard, à Paris.

5 — 1858. — Napoléon III inaugure le boulevard
Sébastopol au milieu des acclamations enthousiastes
de la population parisienne. Dans le discours qu'il
prononça à cette occasion, en présence du conseil
municipal, on remarque les passages suivants :

« Nous sommes à une époque, dit-il, où la création des
chemins de fer change toutes les conditions économiques d'un pays... Le conseil municipal avait donc
une œuvre multiple à accomplir ; il fallait d'abord
assurer les ressources financières de Paris, favoriser

les constructions nouvelles, afin de pouvoir loger un
excédant soudain de population, et, d'un autre côté,
il était indispensable de démolir, afin de créer des
voies nouvelles qui fassent pénétrer la lumière et la
salubrité dans les quartiers malsains et forment de
grandes artères favorables au développement de la
ville en rapprochant le centre des extrémités. Ce
double résultat a été obtenu. Quand les générations
qui se succèdent traverseront notre grande ville, non
seulement elles acquerront le goût du beau par le
spectacle de ces œuvres de l'art, mais en lisant les
noms inscrits sur nos ponts et sur nos rues, elles se
rappelleront la gloire de nos armes, depuis Rivoli
jusqu'à Sébastopol. »

6 — 1861. — Inauguration du pont du Rhin. — Ce
pont, qui a été construit en moins de trois ans et qui
a coûté huit millions, est un monument remarquable
qui témoignera dans l'avenir de l'audace et de la
puissance de l'industrie en même temps que du génie
et de la science des ingénieurs de notre époque. Sa
longueur totale d'une culée à l'autre est de 235 mètres.

— Convention entre la France et la Russie pour
la propriété des œuvres d'art et d'esprit.

1866. — Napoléon III alloue sur sa cassette particulière une somme de 80,000 francs destinée à aider
les frères trappistes dans les travaux pour le défri-
chement des Dombes (Ain).

7 — 1850. — Ouverture de la session du conseil
général de l'agriculture, du commerce et des manufactures au palais du Luxembourg. — Le Prince Louis
Napoléon y prononce une allocution dont nous
extrayons ces paroles remarquables :
« ... Il faut, d'un côté, raffermir des choses ébranlées;
de l'autre, adopter avec résolution des mesures
propres à venir en aide aux intérêts en souffrance. Le
meilleur moyen de réduire à l'impuissance ce qui est
dangereux et faux, c'est d'accepter ce qui est vraiment bon et utile... Au lieu de se lancer dans de vaines
théories, les hommes sensés doivent unir leurs efforts
aux nôtres, afin de relever le crédit en donnant au
gouvernement la force indispensable au maintien de
l'ordre et au respect de la loi. Tout en prenant les

mesures générales qui doivent concourir à la prospérité du pays, le gouvernement s'est occupé du sort des classes laborieuses. Les caisses d'épargne, les caisses de retraite, les caisses de secours mutuels, la salubrité des logements d'ouvriers, tels sont les objets sur lesquels, en attendant la décision de l'Assemblée, le gouvernement appellera votre attention. »

1869. — L'Empereur Napoléon III fait l'acquisition, au prix de cinquante mille francs, de quatre médailles trouvées dans les fouilles faites dans une plaine voisine de Tarse (Asie Mineure), et en fait don à la Bibliothèque impériale.

8 — 1854. — Napoléon III, dans sa haute bienveillance pour les intérêts de la littérature et des arts, décide que la question de la propriété de l'œuvre intellectuelle soit examinée à nouveau. Agitée depuis un siècle, attaquée et défendue tour à tour par les plus grands esprits, éclaircie par les anciens débats et par les nouvelles études dont elle a été l'objet, cette question, si importante pour les écrivains et pour les artistes, demandait à recevoir enfin la solution ; la législation qui devait définitivement la régler était impatiemment attendue. La généreuse initiative de l'Empereur avait déjà produit le décret du 22 mars 1852 et reconnu le droit international de propriété littéraire et artistique, au respect duquel les principaux Etats de l'Europe s'engagèrent, par des conventions réciproques, vis-à-vis de la France. Enfin vint la loi du 8 avril 1854, qui étendait à trente années la jouissance attribuée aux enfants des auteurs, des compositeurs et des artistes, à partir du décès de l'auteur ou de l'extinction des droits de la veuve.

1861. — Inauguration du chemin de fer de Strasbourg à l'Allemagne.

1866. — Prix de 15,000 francs donné par l'Impératrice à la Société d'encouragement pour les courses du bois de Boulogne.

9 — 1850. — Deux décrets du Prince Louis Napoléon viennent fonder une caisse de retraite et une caisse de secours mutuels pour les ouvriers et employés de la fabrique de soie de Lyon et des communes suburbaines. Lors de la cérémonie d'inauguration de ces deux établissements, qui eut lieu au palais Saint-Pierre, le Prince s'exprima ainsi :

« ... Je ne puis croire qu'il y ait des hommes assez pervers pour prêcher le mal en connaissance de cause; mais lorsque les esprits sont exaltés par des bouleversements sociaux, on inculque au peuple des idées pernicieuses, qui engendrent la misère... L'ignorance est la cause des utopies : les systèmes les plus séduisants en apparence sont trop souvent inapplicables ; l'empire de la raison est insuffisant pour détruire les fausses doctrines ; c'est par l'application des améliorations pratiques qu'on les combat plus efficacement.

» Les Sociétés de secours mutuels telles que je les comprends ont le précieux avantage de réunir les différentes classes de la société, de neutraliser, en grande partie, les résultats de la misère, en faisant concourir le riche volontairement par le superflu de sa fortune, et le travailleur par le produit de ses économies, à une institution où l'ouvrier laborieux trouve toujours conseil et appui... Ces institutions, une fois établies partout, seraient le meilleur moyen non de résoudre des problèmes insolubles, mais de secourir les véritables souffrances, en stimulant également et la probité dans le travail et la charité dans l'opulence. »

1854. — Un prix de 6,000 francs est institué pour un travail concernant l'application de la vapeur à la force navale.

10 — 1861. — L'Empereur visite le jardin du Luxembourg pour se rendre compte du déplacement de la fontaine de Médicis nécessité par le percement d'une nouvelle rue. Sur l'avis donné par Sa Majesté, le plan fut rectifié et la fontaine resta au même endroit.

1854. — Inauguration en l'église de Rueil d'un orgue dû à la munificence impériale, et bénédiction d'une nouvelle cloche dont l'Empereur et l'Impératrice ont daigné accepter le parrainage.

1867. — Loi sur l'enseignement primaire. — D'après cette loi toute commune de cinq cents habitants et au-dessus est tenue d'avoir au moins une école publique de filles, si elle n'en est pas dispensée par le conseil départemental (art. Ier). En outre, toute commune

qui veut user de la faculté accordée par le paragraphe
3 de l'article 36 de la loi du 15 mars 1850, d'entretenir une ou plusieurs écoles entièrement gratuites
peut, en sus de ses ressources propres et des centimes spéciaux autorisés par la même loi, affecter à
cet entretien le produit d'une imposition extraordinaire qui n'excédera pas quatre centimes addition-
nels au principal des quatre contributions directes
(art. 8). Mais en cas d'insuffisance des ressources
indiquées, une subvention peut être accordée à la
commune sur les fonds du département, et, à leur
défaut, sur les fonds de l'Etat. Enfin une délibération
du conseil municipal, approuvée par le préfet, peut
créer, dans toute commune, une caisse des écoles
destinée à encourager et à faciliter la fréquentation
de l'école par des récompenses aux élèves assidus et
par des secours aux élèves indigents (art. 15).

En moins de dix-huit mois, 2,000 écoles de garçons,
des écoles mixtes et des écoles de filles furent établies
dans les hameaux par application de cette loi. Le
nombre des instituteurs adjoints et des institutrices
adjointes, qui étaient chargés de la direction d'une
école de hameau ou attachés à une école de chef-lieu,
était de 12,000 environ, et le nombre des maîtresses
chargées de donner les premières notions de travaux
à l'aiguille aux jeunes filles atteignait 8,500.

On voit que le gouvernement impérial ne négligeait
rien pour répandre l'instruction. (V. 15 mars.)

11 — 1853. — La cour impériale de Paris rend un
arrêt portant que les vaudevillistes ne peuvent, sans
l'assentiment des compositeurs, faire usage des airs
nouveaux et non tombés dans le domaine public.

1858. — L'Impératrice donne deux lots d'argenterie pour la loterie des salles d'asile de Troyes.

12 — 1851. — Convention littéraire entre la
France et le Portugal.

1856. — L'Empereur réunit en un banquet les membres du Congrès de Paris. Il y prononça les paroles
suivantes :

« Je porte un toast à l'union heureusement réta-
blie entre les souverains. Puisse-t-elle être durable,
et elle le sera si elle repose toujours sur le droit, sur

la justice, sur les véritables et légitimes intérêts des peuples ! »

1861. — Prise de Mytho (Cochinchine). — Après avoir expulsé les Annamites de la province de Saïgon, le vice-amiral Charner prit ses dispositions pour arriver sous les murs de Mytho, où l'ennemi rassemblait des forces considérables. Le capitaine de frégate Bourdais, chargé des opérations à entreprendre par l'Arroyo, se mit énergiquement à l'œuvre en combattant pied à pied l'ennemi. Le 12, en même temps que les feux de l'amiral Page paraissaient sur le Cambodge, le corps expéditionnaire du commandant de Quilio arrivait à peu de distance de Mytho. Découragé par divers échecs successifs et effrayé par les troupes qui arrivaient de tous côtés, l'ennemi s'enfuit de la citadelle. Malheureusement, l'armée française eut à déplorer la mort du brave commandant Bourdais qui fut tué à l'attaque d'un fort en avant de la citadelle de Mytho.

1869. — Lettre de Napoléon III au ministre d'Etat ; l'Empereur désire que la pension accordée aux vieux et braves soldats de la République et de l'Empire soit de nouveau augmentée.

13 — 1868. — Une cérémonie a lieu à Rambouillet pour la pose de la première pierre de la nouvelle église. L'Empereur, dont la charité était inépuisable, donna pour la construction de cet édifice une somme de cent mille francs.

14 — 1855.— Napoléon III institue un prix triennal de trente mille francs, pour être distribué dans la séance commune des cinq Académies de l'Institut, à l'œuvre où la découverte la plus digne d'honorer le génie national.

1868. — Le Prince Impérial quitte Paris et se rend à Cherbourg, accompagné de son gouverneur, de son aide de camp, de son écuyer et de son ami, le fils du célèbre docteur Conneau. L'accueil fait au Prince par la population de Cherbourg fut splendide. Sur les quais du port de Commerce, les maisons brillamment pavoisées, se reliaient aux bâtiments du port par mille banderolles éclatantes. La foule, qui venait saluer le jeune héritier du trône de France, était considérable, et les cris de : Vive le Prince Impérial ! manifestaient le bonheur de ces braves ouvriers en voyant dans leur ville le fils de Napoléon III.

15 — 1855. — Voyage de Napoléon III et de l'Impératrice en Angleterre. — Avant d'entreprendre ce voyage à l'étranger, où ses sympathies le portent autant que sa politique, l'Empereur reçoit les membres du Corps législatif et leur dit :

« J'ai voulu vous dire adieu avant de partir, et vous remercier du concours que vous m'avez apporté pour toutes les lois importantes que je vous ai présentées pendant cette session... Je pense que je serai votre interprète, en assurant le gouvernement de S. M. la reine de la Grande-Bretagne que vous appréciez, comme moi, tous les avantages de l'alliance avec l'Angleterre. Nous voulons tous la paix, mais à des conditions honorables, et seulement dans ce cas ; si nous devons continuer la guerre, je compterai sur votre loyal appui. »

1868. — Le Prince Impérial à Cherbourg. — Le Prince passe en revue le port, les cales, les jetées, les arsenaux, les vaisseaux en rade et les casernes. Ensuite, il se rend au fourneau économique, récemment créé par la municipalité de cette ville, et où trois cents enfants, apprentis marins, mousses et enfants de troupe, étaient réunis dans un banquet. Le Prince Impérial embrasse le fils d'un sapeur, nommé Bougeard, désigné pour lui présenter un splendide bouquet, en disant : « Vous êtes tous mes amis, j'embrasse celui-ci pour vous tous. » Cette journée se termina par un simulacre de combat naval dont le Prince, du haut de la dunette de la *Reine-Hortense*, suivait avec passion les péripéties.

16 — 1850. — Arrivée du Prince Louis Napoléon à Angers. — Un bataillon du 11e léger, en passant sur le pont de la Basse-Chaîne à Angers, est précipité dans le Maine par suite de la rupture du pont, et plus de 200 soldats trouvent la mort dans les flots. Informé de cette terrible catastrophe, le Prince Louis Napoléon se rend aussitôt à Angers pour s'assurer par lui-même de la situation des victimes de ce désastre, porter les consolations qui sont en son pouvoir et récompenser les actes de dévouement.

Le Prince parcourt les quartiers de la ville, le port de Ligny et distribue lui-même une somme importante aux personnes peu aisées qui ont prodigué des secours aux victimes. Puis, il va à l'hôpital Saint-Jean visiter les blessés et se rend ensuite à la caserne pour passer en revue les débris du 11e léger.

1855. — L'Empereur et l'Impératrice s'embarquent à Calais pour se rendre en Angleterre. A leur arrivée, Leurs Majestés reçoivent des Anglais un accueil enthousiaste.

1862. — Des crédits sont ouverts pour le musée Campona et la construction du nouvel Opéra.

17 — 1868. — Le Prince Impérial quitte Cherbourg au milieu des salves d'artillerie et se rend à Brest. Pendant la traversée, il reste constamment sur le pont pour regarder le sublime spectacle qui se déroule devant ses yeux ; il admire cette rade de Brest, unique au monde ; ces travaux gigantesques qui unissent Brest à la Recouvrance et ces arsenaux où travaillent des milliers d'hommes ; puis à mesure qu'on approche davantage, au milieu du bruit du canon et du son des cloches, il voit la population qui se presse aux abords de la rade, les matelots qui couvrent les vergues en poussant des hourras, des pupilles de la marine qui l'attendent gravement, l'arme au bras. Lorsque le Prince met pied à terre, les cris de : Vive le Prince Impérial ! Vive l'Empereur ! Vive l'Impératrice ! retentissent de toutes parts.

18 — 1868. — Le Prince Impérial à Brest. — A la suite des réceptions officielles, la première visite du Prince fut pour le vaisseau-école *le Borda*. Après l'avoir parcouru, il assiste aux différentes manœuvres des élèves, entre autre à l'exercice du canon, qui l'intéresse vivement. Il remet au commandant du vaisseau la croix de commandeur, et au maître d'équipe la croix de chevalier de la Légion d'honneur. Le soir, le Prince Impérial assiste au dîner qui lui est offert par les aspirants de marine dans la batterie du vaisseau, disposée en salle de banquet, et ornée de faisceaux, de cordages et de boulets artistement disposés.

19 — 1862. — Décret impérial améliorant d'une manière notable le traitement des instituteurs primaires.

1868. — Le Prince Impérial visite l'établissement des pupilles de la marine, créé par l'Impératrice Eugénie, en 1862, à Brest. Une fête splendide était préparée par ces braves enfants, qui portent leurs mousquets comme de vrais grognards et qui font l'exercice de leur corvette comme de vrais gabiers. Au fond de la cour de cet établissement s'élève un simulacre de vaisseau : à un coup de sifflet, deux cents gamins rassemblés au pied des mâts grimpent aux échelles, escaladent les cordages, montent aux vergues et crient : Vive l'Empereur !

20 — 1857. — Inauguration de la statue équestre de Napoléon III à Bordeaux.

1868. — Le Prince Impérial quitte Brest. Les vœux de la population l'accompagnent, et, sur tout le parcours du train impérial, la naïveté des dévouements ou des affections donne naissance à des scènes gracieuses et émouvantes. A Châteaubourg, le maire d'une commune s'est rapproché du wagon en tenant un enfant par la main ; il est né le même jour que le Prince Impérial, et sa famille a déjà reçu quelques secours de l'Empereur. Le Prince fait monter l'enfant qui lui remet timidement un nid de pinson posé sur une branche de pommier qu'il a coupée le matin. Le descendant du Grand Empereur se montra tout joyeux de ce cadeau printanier et mit dans la main du petit paysan deux napoléons.

21 — 1852. — Le Prince Louis Napoléon visite incognito la Sologne et prend des mesures pour son assainissement. — La Sologne n'était à cette époque qu'un vaste plateau froid, humide, dépeuplé, fiévreux coupé d'étangs et ne produisant absolument rien. Aujourd'hui, c'est un changement complet, grâce à l'Empereur Napoléon III, qui y acquit des domaines de plus de 3,000 hectares de superficie. Trois grandes fermes y occupaient 740 hectares et étaient exploitées par la liste civile. Une surface de même étendue fut répartie en trente petites fermes concédées à des cultivateurs du pays et dont dix-sept furent bâties aux frais de l'Empereur. Le reste des terres fut consacré à la culture forestière. Les marais furent desséchés, des canaux creusés pour l'écoulement des eaux et trente kilomètres de route tracés dans cette contrée deshéritée de voies de communication.

1855. — Napoléon III assiste à un banquet qui lui est offert par la Cité de Londres. Au discours prononcé par le lord-maire, l'Empereur a répondu :

« ... J'ai conservé sur le trône, pour le peuple Anglais, les sentiments d'estime et de sympathie que je professais dans l'exil, lorsque je jouissais ici de l'hospitalité de la reine ; et si j'ai conformé ma conduite à ma conviction, c'est que l'intérêt de la nation qui m'avait élu, comme celui de la civilisation tout entière, m'en faisait un devoir. En effet, l'Angleterre et la France se trouvent naturellement d'accord sur les grandes questions de politique ou d'humanité qui agitent le monde... »

22 — 1854. — Premiers actes d'hostilité des flottes françaises et anglaises dans la mer Noire. Une frégate à vapeur anglaise s'était rendue en vue d'Odessa dans le but d'offrir à son bord un asile, tant aux consuls de France et d'Angleterre qu'aux nationaux des deux pays qui auraient désiré quitter la ville. Malgré le pavillon parlementaire arboré sur la frégate et la chaloupe, les Russes, après avoir refusé toute communication avec l'officier qui la commandait, tirèrent sur elle sept coups de canon à boulet. Aussitôt douze frégates, sous les ordres des amiraux Dundas et Hamelin, vinrent bombarder le port militaire d'Odessa.

L'ordre avait été donné de respecter la ville et le port marchand. Après plusieurs heures d'un vif combat, quinze navires russes étaient coulés ou en feu, la poudrière du môle impérial avait sauté et les établissements de la marine étaient presque détruits.

23 — 1870. — Napoléon III adresse à la Nation une proclamation relative à la nouvelle Constitution :

« Français ! dit-il, la Constitution de 1852, rédigée en vertu des pouvoirs que vous m'avez donnés, et ratifiée par les huit millions de suffrages qui ont rétabli l'Empire, a procuré à la France dix-huit années de calme et de prospérité qui n'ont pas été sans gloire ; elle a assuré l'ordre et la voie ouverte à toutes les améliorations. Aussi, plus la sécurité s'est raffermie, plus il a été fait une large part à la liberté.

. « Mais des changements successifs ont altéré les bases plébiscitaires qui ne pouvaient être modifiées sans appel à la Nation... Je m'adresse à vous tous qui, dès le 10 décembre 1848, avez surmonté tous les obstacles pour me placer à votre tête ; à vous qui, depuis vingt-deux ans, m'avez sans cesse grandi par vos suffrages, soutenu par votre concours, récompensé par votre affection. Donnez-moi une nouvelle preuve de confiance... » (V. 8 mai 1870.)

24 — 1852. — Le Prince Louis Napoléon visite le Château de la Ferté-Beauharnais et donne une somme de 1,200 francs pour être distribuée entre les familles ouvrières les plus nécessiteuses.

25 — 1850. — Loi accordant 150,000 francs comme secours aux familles des militaires qui ont péri dans la catastrophe du pont d'Angers.

1855. — Inauguration du chemin de fer de Brest. M. Béhic, ministre de l'agriculture, du commerce et des travaux publics, y prononce un discours remarquable.

1866. — L'Empereur et l'Impératrice visitent l'asile des convalescents de Vincennes.

26 — 1854. — Décret déclarant d'utilité publique l'ouverture du boulevard Malesherbes.

1855. — Loi relative à la création d'une dotation au profit de l'armée. — Cette loi offrait l'immense avantage d'accroître dans l'armée le nombre des anciens soldats et de permettre de diminuer le poids de la conscription. Les rengagements étaient d'une durée de trois ans au moins, et de sept ans au plus. Un rengagement de sept ans donnait droit à une somme de mille francs et à dix centimes par jour. Le maximum et le minimum de la pension de retraite, fixée par la loi du 11 avril 1831, étaient augmentés de 165 francs pour les sous-officiers, caporaux, brigadiers et soldats.

1856. — Fondation par l'Impératrice Eugénie et sous le patronage du Prince Impérial de la Société du prêt au travail. — Toujours empressée à venir en aide à ceux qui souffrent, toujours attentive à rechercher les causes de la misère, l'Impératrice a été frappée des grandes difficultés qu'éprouvent trop souvent les hommes qui vivent de leur labeur lorsqu'ils ont à emprunter un petit capital pour acheter des instruments nécessaires à leur métier. Pour remédier à cet état de choses, Sa Majesté résolut d'adoucir autant qu'elle le pourrait ces difficultés en créant une institution qui prit le nom de *Société du Prince Impérial*. Le but de cette belle institution était d'aider les travailleurs qui n'ont d'autres gages que leurs bras et leur honnêteté, à acquérir des instruments, outils, ustensiles, mobiliers ou matières premières nécessaires à leur métier, soit à venir en aide aux besoins accidentels des familles laborieuses. Les services que la Société rendit furent considérables. Depuis le 26 avril 1862, époque de sa fondation, jusqu'au 31 mars 1870, les prêts faits dans le département de la Seine se sont élevés à 23,678, représentant une somme de 6 millions 483,063 francs. — Les prêts faits pour les départements ont été de 1,882, représentant une somme de 797,944 francs.

27 — 1856. — Les habitants du faubourg Saint-Antoine, qui ont déjà vu s'élever au centre de leur quartier un établissement dû à la munificence de l'Impératrice Eugénie, où de jeunes filles pauvres reçoivent une éducation professionnelle et d'où elles ne sortent que pour être convenablement placées, voient de nouveau avec satisfaction l'Empereur faire l'acquisition de 18,000 mètres de terrain, boulevard Mazas pour y construire des logements d'ouvriers à bon marché.

1865. — En apprenant les attentats commis sur la personne de M. Lincoln, président de la république des Etats-Unis, et sur celle de M. Seward, l'Empereur Napoléon III envoie un de ses aides de camp en Amérique, pour y porter l'expression des sentiments de profonde affliction que ces crimes lui ont inspiré.

28. — 1855. — Attentat contre la vie de l'Empereur aux Champs-Elysées, par un nommé Pianori, qui lui tira deux coups de pistolet presque à bout portant.

1856. — Le Prince Impérial est inscrit comme enfant de troupe sur les contrôles du 1er régiment de la garde impériale.

1859. — Guerre d'Italie. — L'Autriche n'ayant pas adhéré à la proposition faite par l'Angleterre et acceptée par la France, la Russie et la Prusse, Napoléon III ordonne la concentration de plusieurs divisions sur les frontières du Piémont. Les Autrichiens passent le Tessin sur divers points et se concentrent sur Pavie, où se trouve l'état-major. L'armée française se met en marche, le deuxième corps d'armée sous les ordres du général de Mac-Mahon, fait son entrée à Gênes, au milieu des acclamations de la population.

1865. — Une Faculté de droit est établie à Nancy.

29 — 1855. — Les sénateurs se rendent aux Tuileries pour féliciter l'Empereur d'avoir échappé à la tentative d'assassinat. Aux paroles que lui adressa M. Troplong, Sa Majesté répondit :

« Je remercie le Sénat des sentiments qu'il vient d'exprimer. Je ne crains rien des tentatives des assassins. Il est des existences qui sont des instruments de la Providence. Tant que je n'aurai pas accompli ma mission, je ne cours aucun danger. »

1859. — Le maréchal Baraguey d'Hilliers, commandant le premier corps de l'armée d'Italie, adresse à ses soldats l'ordre du jour suivant :

« Soldats ! En 1796 et en 1800, l'armée française, sous les ordres du général Bonaparte remporta en Italie de glorieuses victoires sur les mêmes ennemis que nous allons combattre ; plusieurs demi-brigades y acquirent les surnoms de Terrible ou d'Invincible, que chacun de vous, par son courage, sa ténacité et sa discipline, s'efforcera de faire donner à son drapeau. Soldats, ayez confiance en moi comme j'ai confiance en vous; montrons-nous dignes de la France, de l'Empereur, et qu'un jour on dise de nous ce qu'on disait de nos pères, comme résumant tous les titres de gloire : « Il était de l'armée d'Italie. »

1865. — Départ de l'Empereur pour l'Algérie. — A son arrivée à Lyon, Sa Majesté est saluée par les acclamations les plus chaleureuses. Toutes les maisons sont pavoisées, et c'est avec peine que la voiture impériale peut se frayer un passage au milieu des populations accourues du dehors.

1869. — Commencement des travaux de l'immense réservoir de Montrouge.

— Bénédiction des cloches de l'église Saint-Ambroise, à Paris, en présence de l'Empereur et de l'Impératrice qui avaient daigné accepter le parrainage de l'une d'elles.

30 — 1859. — Entrée des troupes françaises à Turin. — Le commandant de division général de Sonnaz, avec son état-major, et le commandant de la garde nationale, général Viconti d'Ornavasso, avec l'état-major, se rendent à la station du chemin de fer au-devant de l'armée française. Des salves bruyantes d'applaudissements et le bruit des tambours annoncent que les Français, quittant la station, se mettent en marche vers la ville. Ce fut alors une acclamation générale non interrompue. Les dames du haut des balcons jettent des fleurs et agitent leurs mouchoirs en signe d'ovation. Aux cris de : Vive la France ! vive les Français ! vive l'Empereur ! nos soldats répondaient par le cri de : Vive l'Italie !

1862. — L'Empereur et l'Impératrice donnent une somme de cent mille francs à la Société du Prince Impérial. (V. 26 avril.)

MAI

> Quand on a l'honneur d'être à la tête du peuple français, il y a un moyen infaillible de faire le bien : c'est de le vouloir.
> NAPOLÉON III.

1er — 1860. — Inauguration de l'Exposition agricole, industrielle, scientifique et artistique du concours régional de Montpellier.

1865. — L'Impératrice Eugénie, informée du désastre qui vient de frapper la ville de Morteau, s'empresse d'envoyer, sur sa cassette, une somme de 5,000 francs, destinée à subvenir aux premiers besoins des malheureux incendiés.

1865. — Napoléon III à Marseille. — L'Empereur se rendant en Algérie arrive à Marseille. L'enthousiasme de la réception qui lui fut faite par la population est impossible à décrire. La ville entière, pavoisée et retentissante d'acclamations, donne le spectacle de l'ovation la plus chaleureuse que Napoléon III ait jamais reçue.

1869. — L'Empereur fait don d'un magnifique dais à l'église de Tarvilliers (Aube).

2 — 1861. — Suppression de l'échelle mobile. — A ce système, condamné par l'expérience, on substitue un droit fixe et simple de 50 centimes par quintal métrique de blé importé.

1866. — Dans sa sollicitude constante pour les établissements de bienfaisance, placés sous son auguste patronage, l'Impératrice Eugénie décide que des conférences seront faites trois fois par semaine aux ouvriers convalescents de l'asile de Vincennes. Sa Majesté daigne, en outre, allouer, sur sa cassette une somme considérable pour subvenir aux frais de cette utile création.

1867. — L'Empereur reçoit une lettre du président des Etats-Unis de Colombie qui remercie l'Impératrice de la statue de Christophe Colomb offerte à cette république par Sa Majesté.

3 — 1865. — Arrivée de Napoléon III à Alger. — Lorsque l'Empereur eut quitté le yacht impérial *l'Aigle*, ce fut par les acclamations les plus chaleureuses qu'il fut salué en mettant le pied sur le sol africain. Plus de cent mille personnes l'attendaient sur le quai, et cette foule était à peine contenue par une haie formée de deux mille cavaliers. L'Empereur auquel nul détail n'échappait, voyant un danger pour la foule dans cette agglomération de chevaux surexcités par le bruit du canon, donna l'ordre de faire cesser le feu. Cet ordre plein de sollicitude fut accueilli par les vivats de la population et l'enthousiasme ne connut plus de bornes; ce fut avec beau-

coup de peine que Napoléon III put atteindre la place
du Gouvernement, serré qu'il était par la foule.

1865. — Décret ordonnant la construction des pha-
res du plateau des Roches-Douvres (Côtes-du-Nord),
du rocher du Four, du rocher le Dramont des Pierres-
Noires (Finistère) et de la pointe de l'Espignette (Gard).

1859. — Guerre d'Italie. — Pour marquer le but de
la guerre contre l'Autriche, l'Empereur Napoléon III
adresse au peuple français une proclamation dont
nous extrayons les passages suivants :

« Français ! l'Autriche, en faisant entrer son armée
sur le territoire du roi de Sardaigne, notre allié,
nous déclare la guerre. Elle viole ainsi les traités, la
justice, et menace nos frontières. Toutes les grandes
puissances ont protesté contre cette agression... Jusqu'ici, la modération a été la règle de ma conduite,
maintenant l'énergie devient mon premier devoir.

» Le but de cette guerre est donc de rendre l'Italie
à elle-même et non de la faire changer de maître, et
nous aurons à nos frontières un peuple ami, qui nous
devra son indépendance. — Nous n'allons pas en
Italie fomenter la discorde ni ébranler le pouvoir du
Saint-Père, que nous avons replacé sur son trône,
mais le soustraire à cette pression étrangère qui
s'appesantit sur toute la péninsule, contribuer à fonder l'ordre sur ses intérêts légitimes satisfaits. —
Nous allons enfin sur cette terre classique, illustrée
par tant de victoires, retrouver les traces de nos
pères ; Dieu fasse que nos soyons dignes d'eux.

» Je vais bientôt me mettre à la tête de l'armée. Je
laisse en France l'Impératrice et mon fils... Je les confie
à la valeur de l'armée qui reste en France pour veiller
sur nos frontières comme pour protéger le foyer do-
mestique ; je les confie au patriotisme de la garde
nationale ; je les confie enfin au peuple tout entier,
qui les entourera de cet amour et de ce dévouement
dont je reçois chaque jour tant de preuves. Courage
donc et union ! Notre pays va encore montrer au
monde qu'il n'a pas de dégénéré. »

4 — 1851. — Le Prince Louis Napoléon envoie un
secours de 500 francs à un ouvrier de l'usine De-
rosne et Cail à Paris.

1859. — L'Empereur décide que les sujets autrichiens qui se trouvent actuellement en France, en Algérie, ou dans les colonies françaises, sont autorisés à ycontinuer leur résidence et leurs entreprises pendant la durée de la guerre d'Italie.

5 — 1855. — Loi sur l'organisation municipale. — D'après cette loi, les conseils municipaux étaient élus par le suffrage universel, excepté à Paris et à Lyon, où une commission municipale, nommée par décret de l'Empereur, administrait la cité. Les maires et les adjoints pouvaient être suspendus par le préfet, mais l'Empereur seul avait le droit de les révoquer.

1864. — L'Impératrice Eugénie accorde une médaille d'or à l'Exposition industrielle agricole et artistique d'Angers.

1865. — Napoléon III à Alger. — L'Empereur adresse au peuple arabe une proclamation dans laquelle on remarque les passages suivants :

« Lorsqu'il y a trente-cinq ans, la France a mis le pied sur le sol.africain, elle n'est pas venue détruire la nationalité d'un peuple, mais, au contraire, affranchir ce peuple d'une oppression séculaire ; elle a remplacé la domination turque par un gouvernement plus doux, plus juste, plus éclairé. Néanmoins, pendant les premières années, impatients de toute suprématie étrangère, vous avez combattu vos libérateurs.

« Loin de moi la pensée de vous en faire un crime ; j'honore, au contraire, le sentiment de dignité guerrière qui vous a portés, avant de vous soumettre, à invoquer par les armes le jugement de Dieu. Mais Dieu a prononcé ; reconnaissez donc les décrets de la Providence, qui, dans ses desseins mystérieux, nous conduit souvent au bien en trompant nos espérances et faisant échouer nos efforts...

« Vous connaissez mes intentions, j'ai irrévocablement assuré dans vos mains la propriété des terres que vous occupez; j'ai honoré vos chefs, respecté votre religion ; je veux augmenter votre bien-être, vous faire participer de plus en plus à l'administration de votre pays comme aux bienfaits de la civilisation ; mais c'est à la condition que, de votre côté, vous respecterez ceux qui représentent mon autorité... »

1867. — L'Empereur donne une somme de dix mille francs pour les courses de Fontainebleau.

1869. — Pension aux anciens militaires. — Dès le début de son règne, l'Empereur Napoléon III s'occupa du sort des anciens militaires de la République et de l'Empire ; les préfets furent invités à s'informer de leur situation, à recueillir leurs titres et à en dresser un état. Une somme de 2 millions 700,000 francs fut d'abord affectée à les secourir. Ensuite une loi, en date du 5 mai 1869, vint assurer une pension annuelle et viagère de 250 francs à chacun des anciens sous-officiers et soldats de la République et de l'Empire, dont les ressources personnelles seraient insuffisantes pour subvenir à leurs besoins.

6 — **1857.** — Napoléon III passe au Champ de Mars, en présence du grand-duc Constantin, la revue de la garde et des troupes de l'armée de Paris. C'était pour la première fois que se trouvaient réunis tous les régiments de la garde impériale.

7 — **1862.** — Attaque de Puebla (Mexique) par l'armée française.

1865. — Napoléon III en Algérie. — L'Empereur fait une excursion dans la plaine de la Mitidja, revient par l'Oued-Lalleg et rentre à Alger par la route pittoresque qui descend aux carrières de Bab-el-Oued. L'Empereur se montre frappé de la richesse du pays qu'il a parcouru, des progrès accomplis en agriculture, perfectionnée par la colonisation européenne autour des centres déjà créés.

1868. — Le Prince Impériale fait sa première communion dans la chapelle des Tuileries.

8 — **1858.** — Décret impérial qui ouvre pour une deuxième période de cinq ans le concours institué par l'Empereur pour un prix de 50,000 francs, en faveur de l'auteur de l'application la plus utile de la pile Volta. (V. 23 février).

1863. — Combat de San-Lorenzo (Mexique). — Dans ce brillant combat, livré par le général Bazaine, l'ennemi laisse entre nos mains : huit canons, dont six rayés ; trois drapeaux, onze fanions, un millier de prisonniers, parmi lesquels plusieurs colonels et officiers supérieurs, et un convoi considérable de vivres destiné au ravitaillement de la place de Puebla.

1863. — Le Prince Impérial donne une fête dans le Jardin des Tuileries aux membres de la Société du Prêt au Travail. (V. 26 avril 1856.)

1870. — Le peuple français est convoqué dans ses comices pour accepter ou rejeter la proposition suivante :

« Le peuple approuve les réformes libérales opérées dans la Constitution depuis 1860 par l'Empereur avec le concours des grands corps de l'Etat,et ratifie le Sénatus-Consulte du 20 avril 1870. »

Nous détachons de cette nouvelle Constitution les deux articles suivants :

« Art. 3. — NAPOLÉON III, s'il n'a pas d'enfant mâle, peut adopter les enfants et descendants légitimes dans la ligne masculine des frères de Napoléon Ier...

» L'adoption est interdite aux successeurs de Napoléon III et à leur descendance.

» Art. 4. — A défaut d'héritier légitime direct ou adoptif, sont appelés au trône le PRINCE NAPOLÉON (Joseph-Charles-Paul), et sa descendance directe et légitime, de mâle en mâle, par ordre de primogéniture, et à l'exclusion perpétuelle des femmes et de leur descendance... »

Le résultat du scrutin a donné 7,350,142 *oui* contre 1,538,825 *non* et 112,975 bulletins nuls.

9 — 1855. — Logement des ouvriers. — La construction de maisons spécialement destinées aux petits ménages de la classe ouvrière était une idée favorite de l'Empereur. Déjà, en 1849, il fit construire la première cité ouvrière rue Rochechouart et ensuite la cité d'Enfer, etc. Le 9 mai 1852, il fonda sur sa cassette un prix de 5,000 francs en faveur de l'architecte qui présenterait le meilleur projet de logement à bon marché. Peu de temps après, il fit construire plusieurs maisons de ce genre, au boulevard Mazas et avenue Daumesnil.

1863. — Le Prince Impérial offre une médaille d'or au propriétaire du plus beau chien de berger à l'Exposition du Jardin d'acclimatation.

1869. — L'Empereur et l'Impératrice se rendent à Chartres pour visiter le concours régional.

10 — 1852. — Distribution des aigles à l'armée.
— Une fête des plus imposantes fut célébrée au
Champ de Mars, en présence d'une foule innombrable
accourue tant de Paris et de la banlieue que des départements. Le Prince Louis Napoléon fit à l'armée la
distribution des aigles qui venaient d'être rétablis
sur les drapeaux de la France. Il fit ressortir le caractère de cette solennité en ces termes :

« Soldats! l'histoire des peuples est en grande partie
l'histoire des armées. De leurs succès ou de leurs
revers dépend le sort de la civilisation et de la patrie.
Vaincues, c'est l'invasion ou l'anarchie ; victorieuses,
c'est la gloire ou l'ordre. Aussi les nations comme les
armées portent-elles une vénération religieuse à ces
emblèmes de l'honneur militaire, qui résument en eux
tout un passé de luttes et de triomphes.

» L'aigle romaine, adoptée par l'Empereur Napoléon au commencement de ce siècle, fut la signification la plus éclatante de la régénération et de la
grandeur de la France. Elle disparut dans nos malheurs ; elle devait revenir, lorsque la France, relevée
de ses défaites, maîtresse d'elle-même, ne semblerait
plus répudier sa propre gloire.

» Soldats, reprenez donc ces aigles, non comme une
menace contre les étrangers, mais comme le symbole
de notre indépendance, comme le souvenir d'une époque héroïque, comme le signe de noblesse de chaque
régiment. Reprenez ces aigles qui ont si souvent
conduit nos pères à la victoire, et jurez de mourir,
s'il le faut, pour les défendre. »

Des fêtes furent données en l'honneur des délégués
de l'armée venus de tous les points de la France pour
recevoir les drapeaux. Avant de quitter Paris, le
Prince, en prenant congé d'eux, leur adressa une
allocution dans laquelle il dit :

« Rapportez avec orgueil à vos régiments ces
étendards, symboles vénérés de notre gloire nationale, et sur lesquels se trouve écrite l'histoire de
chaque régiment ; je les confie à votre patriotisme.
Dites à vos frères d'armes que ma pensée est toujours
au milieu d'eux, que je suis toujours prêt à partager
leurs dangers, comme je partage leur amour et leur

dévouement pour la grandeur et la prospérité de la France. »

1859. — Départ de Napoléon III pour l'armée d'Italie. — Partout sur le passage de l'Empereur éclatent les acclamations les plus chaleureuses. Les cris de : Vive l'Lmpereur ! vive l'Italie ! se font entendre de toutes parts. Son escorte a peine à lui frayer un passage au milieu de la multitude qui se presse autour de sa voiture ; toutes les fenêtres des maisons, depuis le haut jusqu'au bas, sont remplies de spectateurs, agitant leurs chapeaux et leurs mouchoirs. Jamais, on peut le dire, aucun souverain n'a été accompagné de vœux plus ardents.

1868. — L'Empereur et l'Impératrice au concours régional d'Orléans. — Après avoir parcouru l'Exposition dans ses différentes parties, et reçu les autorités et les fonctionnaires, l'Empereur a distribué les récompenses décernées à l'agriculture. En arrivant à Orléans, Napoléon III et l'Impératrice se sont d'abord rendus à la cathédrale. Au discours que leur adressa Mgr Dupanloup, l'Empereur répondit :

« Je suis très touché des nobles paroles que vous venez de m'adresser. C'est dans ces lieux qu'on se rappelle avec bonheur ce que peuvent pour le salut et la grandeur d'un pays, la foi religieuse et le vrai patriotisme... En venant, l'Impératrice et moi, nous mêler aux fêtes populaires de la ville d'Orléans, nous avons voulu d'abord nous agenouiller dans son ancienne basilique et, au milieu des grands souvenirs du passé, demander à Dieu sa protection pour l'avenir. Je vous remercie, monseigneur, je remercie votre clergé des prières que vous voulez bien élever au Ciel pour l'Impératrice, pour le Prince Impérial et pour moi. »

11 — 1851. — Ouverture de la caisse des retraites pour la vieillesse. — Quand l'âge du repos est arrivé, l'épargne des années de travail doit assurer à l'ouvrier l'aisance ou du moins des ressources suffisantes. Le gouvernement de l'Empereur lui vient en aide par cette institution protectrice. Le capital de ces retraites est formé par les versements volontaires des déposants effectués à la Caisse des dépôts et consignations. Depuis sa création jusqu'au 31 décem-

bre 1867, les versements se sont élevés à la somme de 172 millions.

12 — 1858. — Inauguration du nouveau Palais de Justice à Bastia.

1859. — Ouverture de la campagne d'Italie. — Dès son arrivée à Gênes, l'Empereur adresse l'ordre du jour suivant à l'armée :

«Soldats ! je viens me mettre à votre tête pour vous conduire au combat. Nous allons seconder la lutte d'un peuple revendiquant son indépendance et le soustraire à l'oppression étrangère. C'est une cause sainte qui a les sympathies du monde civilisé.

» Je n'ai pas besoin de stimuler votre ardeur ; chaque étape vous rappellera une victoire. Dans la voie sacrée de l'ancienne Rome, les inscriptions se pressaient sur le marbre pour rappeler au peuple ses hauts faits : de même aujourd'hui, en passant par Mondovi, Lodi, Castiglione, Arcole, Rivoli, vous marcherez dans une autre voie sacrée, au milieu de ces glorieux souvenirs.

» Conservez cette discipline sévère qui est l'honneur de l'armée. Ici, ne l'oubliez pas, il n'y a d'ennemis que ceux qui se battent contre vous. Dans la bataille, demeurez compactes et n'abandonnez pas vos rangs pour courir en avant. Défiez-vous d'un trop grand élan : c'est la seule chose que je redoute...

» Soldats, faisons tous notre devoir et mettons en Dieu notre confiance. La Patrie attend beaucoup de vous. Déjà, d'un bout de la France à l'autre, retentissent ces paroles d'un heureux augure : La nouvelle armée d'Italie sera digne de sa sœur aînée. »

1867. — L'Empereur accorde une somme de mille francs à la Société de secours mutuels des huissiers, garçons de bureau et gens de service des administrations publiques de Paris.

1870. — A la suite de désordres dans Paris, provoqués par les révolutionnaires, l'Empereur et l'Impératrice sortent en calèche découverte, sans escorte, et se rendent aux casernes du Prince-Eugène, Dupleix et à l'Ecole militaire, pour rassurer la population parisienne.

13 — 1855. — Ouverture de l'établissement de bains et lavoir construit spécialement pour les ouvriers aux frais de l'Empereur sur une partie de l'ancien couvent du Temple, à Paris.

1859. — Le roi Victor Emmanuel, accompagné du Prince Napoléon, va rendre visite à l'Empereur Napoléon III, à Gênes.

1865. — Napoléon III visite Blidah (Algérie) et donne mille francs pour les pauvres. En revenant de cette ville, l'Empereur est sollicité par un nègre Sénégalais sans ressources qui désirait revoir son pays. Dans sa bonté naturelle, Sa Majesté lui remet la somme nécessaire pour accomplir son désir.

1866. — L'Empereur donne un prix de 2,000 francs pour les courses de Chantilly.

14 — 1859. — Arrivée de Napoléon III à Alexandrie. — Après avoir passé deux jours à Gênes, Napoléon III quitte cette ville pour se rendre à Alexandrie. Sur toute la route, les habitants accoururent de toutes parts pour saluer le libérateur de l'Italie. A Alexandrie, la population déploya la plus grande pompe pour recevoir l'Empereur des Français ; des arcs de triomphe s'élevaient de tous côtés, et les drapeaux unis des deux peuples alliés flottaient sur les monuments et aux fenêtres des maisons tendues d'étoffes aux couleurs variées. — L'Empereur établit son quartier général au Palais-Royal.

1861. — Un décret nomme la commission qui, sous la présidence du Prince Napoléon, sera chargée de la partie française de l'Exposition de Londres en 1862.

1865. — Napoléon III à Oran.— D'Alger, l'Empereur se rendit à Oran, où une réception splendide lui fut faite. La ville, considérablement développée et embellie depuis quelques années, présentait l'aspect le plus pittoresque. Les fenêtres étaient pavoisées, et les terrasses en espaliers étaient couvertes d'une foule immense. Des arcs de triomphe étaient dressés sur les différentes places que traversa le cortège.

1868. — Le Prince Impérial visite l'Ecole polytechnique.

15 — 1855. — Napoléon III et l'Impératrice inaugurent le Palais de l'Industrie et l'Exposition univer-

selle pour laquelle vingt mille sept cent neuf exposants avaient réuni dans ce Palais toutes les merveilles de la production humaine.

Leurs Majestés parvenues au trône, saluèrent l'assemblée, qui leur répondit par de vives acclamations;
le Prince Napoléon, président de la commission supé-
rieure de l'Exposition universelle, se tournant alors
vers l'Empereur, lui adressa le discours dont voici
quelques passages :

« Permettez-moi, Sire, de vous exposer, au nom de
la commission impériale, le but que nous avons voulu
atteindre, les moyens que nous avons employés et les
résultats que nous avons obtenus.

» Nous avons voulu que l'Exposition universelle ne
fût pas uniquement un concours de curiosité, mais
un grand enseignement pour l'agriculture, l'industrie
et le commerce, ainsi que pour les arts du monde entier. Ce doit être une vaste enquête pratique, un
moyen de mettre les forces industrielles en contact,
les matières premières à portée du producteur, les
produits à portée du consommateur; c'est un nouveau
pas vers le perfectionnement, cette loi qui vient du
Créateur, ce premier besoin de l'humanité et cette indispensable condition de l'organisation sociale.

» Nous avons suivi nos voisins et alliés, qui ont eu
la gloire du premier essai, nous l'avons complété par
l'appel aux beaux-arts.

» Votre Majesté a constitué la commission impériale le 24 décembre 1853. Notre premier travail a été
le règlement général que vous avez approuvé par décret du 6 avril, qui est devenu la loi constitutive de
l'Exposition, et qui comprend une classification que
nous croyons plus rationnelle.

» Enfin, par une innovation hardie qui n'avait pas
été faite à Londres, les produits exposés peuvent porter l'indication de leur prix, qui devient ainsi un élément sérieux d'appréciation pour les récompenses.
Tous ceux qui s'occupent des questions industrielles
comprendront combien ce principe est important, et
quelles peuvent en être les conséquences, malgré certaines difficultés d'appréciation.

« Dans les beaux-arts, nous avons recueilli sans
révision toutes les œuvres des artistes étrangers admises par leurs comités ; nous n'avons été sévères

que pour nous-mêmes. La tâche d'un jury d'admission est difficile et ingrate, surtout dans une Exposition universelle, où les principes des expositions ordinaires n'étaient plus appliquables, et où le jury avait à choisir les armes de la France dans cette lutte qui s'agrandissait.

» Nous pouvons, dès à présent, grâce au catalogue fait avec une grande activité, indiquer le nombre des exposants. Il ne s'élèvera pas à moins de 20,000, dont 9,500 de l'Empire français, et 10,500 environ de l'étranger. »

L'Empereur a répondu à Son Altesse Impériale :

« Mon cher cousin,

« En vous plaçant à la tête d'une commission appelée à surmonter tant de difficultés, j'ai voulu vous donner une preuve particulière de ma confiance. Je suis heureux de voir que vous l'avez si bien justifiée. Je vous prie de remercier en mon nom, la commission, des soins éclairés et du zèle infatigable dont elle a fait preuve. J'ouvre avec bonheur ce temple de la paix, qui convie tous les peuples à la concorde. »

1865. — Inauguration du nouveau marché de Grenelle (Paris).

1867. — L'Impératrice fait distribuer une somme de mille francs entre les familles victimes de l'écroulement de l'église de Châtillon-sur-Seine.

1869. — Informé qu'un incendie avait éclaté à Chappes, canton de Bar-sur-Seine, l'Empereur envoie une somme de trois mille francs pour subvenir aux plus pressants besoins des familles victimes de ce sinistre.

16 — 1854. — Décret qui place les salles d'asile sous le patronage de l'Impératrice. Cette auguste protection communique une vie nouvelle à cette institution de bienfaisance. Sur tous les points de l'Empire, on voit les comités de patronage se constituer, étendre une sollicitude maternelle sur les misères physiques et morales de l'enfance et s'efforcer de faire descendre au milieu des familles peu aisées l'inestimable bienfait d'une éducation religieuse.

1859. — Napoléon III visite la citadelle d'Alexandrie, les avant-postes de Valence et du Pô.

17 — 1853. — Convention littéraire entre la France et le grand-duché de Saxe-Weimar-Eisenach.

1863. — Prise de Puebla par le général Forey.— Les résultats de la prise de Puebla furent considérables : Après deux mois de tranchée ouverte, il est resté en tre nos mains 26 généraux, 225 officiers supérieurs, 800 officiers subalternes, 11,000 prisonniers, 150 pièces de canon en bon état, des armes et des munitions en assez grand nombre.

18 — 1860. — Napoléon III se rend à la Motte-Beuvron et visite ses domaines de la Sologne. Pendant son séjour, il fut informé qu'une imposition extraordinaire, devant durer huit années, avait été votée par la commune de La Motte, pour la construction d'une maison d'école et d'une mairie ; l'Empereur a voulu que la somme entière fût payée sur sa cassette particulière.

19 — 1859. — Napoléon III visite les positions des premier et troisième corps à Tortone et à Pontecurone.

1862, — L'Académie des beaux-arts remercie l'Empereur d'avoir assuré à la France la collection qui forme le musée Napoléon III au Louvre.

20 — 1859. — Combat et prise de Montebello. — Huit jours après la proclamation de Napoléon III, la nouvelle campagne d'Italie s'inaugurait par la victoire de Montebello, lieu déjà illustré par Bonaparte en 1800. Cinq mille hommes sous les ordres du général Forey soutinrent le choc de dix-huit mille Autrichiens.

Les pertes de l'ennemi dans cette journée s'élevèrent à 2,000 hommes hors de combat, 200 prisonniers et plusieurs caissons d'artillerie, l'armée française eut à déplorer la mort du général de brigade Beuret, le colonel de Bellefonds et le commandant Duchâtel.

1862. — Lettre de Napoléon III à M. Touvenel. — Dans ce document qui résume sa pensée, relativement à la question romaine, l'Empereur écrit à M. Touvenel :

« ... Depuis que je suis à la tête du gouvernement, en France, ma politique a toujours été la même vis-à-vis de l'Italie : seconder les aspirations nationales,

engager le Pape à en devenir le soutien plutôt que
l'adversaire ; en un mot, consacrer l'alliance de la religion et de la liberté... Mes efforts, je l'avoue, sont
venus jusqu'à présent se briser contre des résistances de toutes sortes, en présence de deux partis dia-
métralement opposés, absolus dans leurs haines
comme dans leurs convictions ; sourds aux conseils
inspirés par le seul désir du bien... L'intérêt du Saint-
Siège, celui de la religion, exigent donc que le Pape
se réconcilie avec l'Italie ; car ce sera se réconci-
lier avec les idées modernes, retenir dans le giron de
l'Eglise deux cents millions de catholiques, et donner
à la religion un lustre nouveau, en montrant la foi
secondant les progrès de l'humanité... »

1866. — Inauguration du canal de Lagoin (Basses-
Pyrénées).

21 — 1851. — Loi relative aux avances faites par
les patrons aux ouvriers. — Précédemment, les avances faites par les patrons à leurs ouvriers, plaçaient
souvent ces derniers dans l'impossibilité de les rem-
bourser et les rendaient par ce fait esclaves de leur
patron. Le Prince Louis Napoléon, pour éviter les
abus et tout en conciliant la liberté du travail avec
le respect dû aux conventions, fit réduire à 30 francs
le chiffre des avances privilégiées.

1859. — L'Empereur visite, à Voghera, les hôpitaux et fait donner les mêmes soins aux blessés français et autrichiens (guerre d'Italie).

1868. — Le Prince Impérial visite l'Ecole militaire
de Saint-Cyr.

22—1855. — Siège de Sébastopol. — Pour leur
défense, les Russes avaient établi une nouvelle place
d'armes du côté de la Quarantaine. Le général Pélissier donne l'ordre au général Pâté de l'attaquer. Au
bout de quelques heures de combat, la place fut en-
levée et les ouvrages détruits. — Les Russes eurent
plus de 5,000 hommes tués ou blessés.

1860. — Ouverture du concours régional de Tarbes.

1865. — Un décret impérial déclare d'utilité publique la construction d'un nouvel Hôtel-Dieu, à Paris.

23—1855. — Décret concernant les Caisses d'épargne et de prévoyance, en faveur des instituteurs communaux.

24 — 1856. — L'Orphelinat du Prince Impérial.—
La naissance du Prince Impérial devait être l'occasion naturelle d'une nouvelle fondation ; en effet, le 24 mai 1856 une souscription est ouverte à Paris dans le but d'offrir à l'Impératrice et à son fils un témoignage de gratitude et de dévouement. Afin que cette souscription soit à la portée de tous, les comités organisés sous la direction des maires avaient décidé que le chiffre serait limité entre cinq et vingt cinq centimes. Une somme de 80,000 francs fut ainsi réalisée par six cent mille souscripteurs.

La lettre suivante, adressée par le ministre de l'intérieur au nom de l'Impératrice, aux présidents des divers comités de souscription, fait connaître l'usage que Sa Majesté désire faire du produit de cette souscription :

« L'Impératrice acceptera avec gratitude ces volumes de signatures, éloquents témoignages des sentiments d'affection de la population parisienne ; mais quant aux sommes produites par la souscription, vous lui permettrez d'en faire, comme des 600,000 francs votés lors du mariage par le Conseil municipal, une œuvre de bienfaisance pour les enfants du peuple. Patronne des Sociétés de charité maternelle et des salles d'asile, Elle désire placer sous le patronage de son fils les pauvres orphelins ; Elle veut que le malheureux ouvrier, enlevé prématurément à sa famille, emporte du moins, en mourant, la consolante pensée que la bienveillance impériale veillera sur ses enfants. Mais il ne s'agit pas seulement de leur assurer la ressource ordinaire d'une maison de refuge, l'Impératrice a puisé dans son cœur une idée plus touchante : sous le patronage du Prince Impérial, une commission permanente et gratuite, présidée par le ministre de l'intérieur, recherchera en même temps dans Paris et les orphelins et les honnêtes ménages d'ouvriers qui, moyennant une subvention annuelle, voudront prendre chez eux ces pauvres enfants, les élever, leur donner une nouvelle famille et l'apprentissage d'un état. Cette œuvre, sans autres frais que ceux de l'allocation même, qui pour chaque enfant

devra toujours être largement calculée, profitera
presque autant à la famille adoptive qu'à l'orphelin
qui lui sera confié, et l'Impératrice aura ainsi réalisé
la pieuse et délicate pensée de donner à ces pauvres
petits êtres que la mort a privés de leur soutien, non
pas l'abri d'un hospice, mais l'appui, l'affection, les
soins d'une nouvelle famille. — Au revenu produit
annuellement par le montant de la souscription placé
en rentes sur l'État, l'Empereur, chaque année, et
jusqu'à ce que son fils puisse le faire lui-même,
ajoutera sur sa cassette les 30,000 francs nécessaires
pour que cent orphelins au moins soient toujours
ainsi patronnés... »

Ainsi fut fondé l'Orphelinat du Prince Impérial;
l'Impératrice faisait de son fils le patron des pauvres
orphelins et l'Empereur assurait sur sa cassette à
cette touchante institution une dotation annuelle de
30,000 francs. Malgré ses malheurs et quoique n'étant
plus sur le trône, l'Impératrice Eugénie daigne encore
protéger cette œuvre qui fonctionne toujours.

1857. — L'Empereur assiste dans le parc de Fontainebleau aux expériences d'une charrue à vapeur.

1860. — Un décret ordonne de procéder à l'exécution des travaux nécessaires pour défendre la ville de
Saumur contre les inondations de la Loire.

25 — 1863. — Inauguration du Palais érigé à
Nancy pour la Faculté des sciences, des lettres et de
médecine.

1864. — Loi relative aux coalitions. — Depuis que
cette loi existe, le droit de coalition ne tombe plus
sous l'application de la loi pénale, c'est-à-dire que les
ouvriers peuvent suspendre leurs travaux, afin d'obtenir une augmentation de salaire, ce qui n'existait
pas avant; mais de leur côté, les patrons ont également
la faculté de fermer leurs ateliers pour arriver
à l'abaissement de ces mêmes salaires.

Au moment de sa discussion, cette loi fut trouvée
défectueuse par les ennemis de l'Empire. Maintenant
que le *tyran* n'est plus, les ouvriers en attendent toujours une nouvelle de la part des *irréconciliables*
d'alors et qui sont au pouvoir aujourd'hui.

1865.—Suivant le désir de l'Empereur, les 50,000 fr.

4

légués au département de la Loire par Napoléon I·ᵉʳ sont distribués aux ouvriers qui ont le plus souffert de la crise industrielle.

26 — 1865. — L'Empereur à Alger. — Napoléon III se rend à bord du *Solferino*, et, après avoir distribué des récompenses aux officiers de l'escadre, Sa Majesté est allée visiter la frégate qui porte le pavillon amiral de la flotte italienne.

1866. — L'Impératrice et le Prince Impérial visitent la Maison des Jeunes aveugles à Paris.

27 — 1853. — L'Impératrice Eugénie répartit une somme de cent mille francs, qu'elle avait consacrée, lors de son mariage, aux Sociétés de Charité maternelle. Chaque année, au 15 août et au 16 mars, jour anniversaire de la naissance du Prince Impérial, le gouvernement de l'Empereur accordait à chacune de ces Sociétés une subvention d'environ mille francs.

1861. — La Famille Impériale visite l'Asile de Vincennes et les ouvriers convalescents.

1861. — Promulgation du traité de commerce conclu le 1ᵉʳ mai entre la France et la Belgique.

28 — 1858. — Loi relative aux travaux destinés à mettre les villes à l'abri des inondations.

1859. — Guerre d'Italie. — Napoléon III, voulant diminuer les rigueurs inutiles de la guerre, décide que tous les prisonniers blessés, seront rendus à l'ennemi sans échange.

1865. — Arrivée de l'Empereur à Constantine. — Après s'être arrêté un instant à Philippeville, l'Empereur part pour Constantine où une réception splendide fut faite à Sa Majesté par la population. Européens et indigènes s'étaient unis dans la même pensée de reconnaissance pour saluer et acclamer le Souverain.

1868. — Inauguration de l'église Saint-Augustin à Paris.

29 — 1862. — L'armée expéditionnaire de Cochinchine s'empare des forts de Mioui.

1864. — Napoléon III accorde un prix de 10,000 francs

à la Société de Vincennes pour le concours de Steeple-chases.

1864. — L'Empereur et l'Impératrice visitent le concours régional d'Evreux.

1870. — Un prix de 2,000 francs est donné par l'Empereur aux courses de Chantilly.

30 — 1859. — Premier combat de Palestro. — Le roi de Sardaigne, après avoir repoussé les Autrichiens, eut un instant sa droite débordée par l'ennemi, qui menaçait le pont de bateaux jeté sur la Sésia, au moment où le maréchal Canrobert devait faire sa jonction avec le roi. Napoléon III envoya immédiatement le 3ᵉ zouaves, commandé par le colonel de Charbron, pour arrêter cette attaque. Ces intrépides soldats s'élancèrent la baïonnette en avant, s'emparèrent des pièces de canon et firent cinq cents prisonniers.

31 — 1854. — Abolition de la mort civile. — Antérieurement à cette législation, le condamné à la mort civile perdait toute capacité de posséder et sa succession était ouverte; il ne pouvait contracter aucune union légitime, et même le mariage qu'il avait contracté précédemment était dissous. Maintenant elle ne suit plus la condamnation aux travaux forcés à perpétuité et la déportation. Ces condamnations emportent seulement la dégradation civique et l'interdiction légale.

1859. — Deuxième combat de Palestro. — Battus la veille par les troupes sardes, les Autrichiens résolurent de réoccuper Palestro et de marcher sur la Sésia, pour couper les ponts et empêcher le passage des Français. Ils s'avancèrent avec des forces considérables et se présentèrent devant cette place où un vif combat s'engagea. Au bruit de la canonnade, le 3ᵉ régiment de zouaves s'élança de nouveau sur la batterie ennemie qui protégeait l'armée et s'en empara. A la vue de ces *diables rouges*, les compagnies de soutien prirent la fuite. Les pertes de l'ennemi furent considérables. La nouvelle armée d'Italie prouva à ses ennemis qu'elle était digne de son aînée.

JUIN

Si je dois mourir, Seigneur, faites que ce soit pour sauver un des miens.

Prière du PRINCE IMPÉRIAL

1ᵉʳ — 1851. — Inauguration du Chemin de fer de Lyon entre Tonnerre et Dijon. — Dans le discours qu'il prononça à cette occasion, le Prince Louis Napoléon dit en s'adressant au maire de Dijon :

« Depuis trois ans on a pu remarquer que j'ai toujours été secondé quand il s'est agi de combattre le désordre par des mesures de compression ; mais lorsque *j'ai voulu faire le bien, fonder le Crédit foncier, prendre des mesures pour améliorer le sort des populations, je n'ai rencontré que l'inertie...* Une nouvelle phase de notre ère politique commence. D'un bout de la France à l'autre des pétitions se signent pour demander la révision de la Constitution. J'attends avec confiance les manifestations du pays et les décisions de l'Assemblée, qui ne seront inspirées que par la seule pensée du bien public. Si la France reconnaît qu'on n'a pas eu le droit de disposer d'elle sans elle, la France n'a qu'à le dire ; mon courage et mon énergie ne lui manqueront pas. »

1853. — Les Conseils de prud'hommes. — En vertu de la loi du 1ᵉʳ juin 1853, les membres des conseils de prud'hommes sont nommés par les patrons et les ouvriers pour décider sur des contestations qui peuvent exister entre eux. Les jugements des conseils de prud'hommes sont définitifs et sans appel, lorsque le chiffre de la demande n'excède pas deux cents francs en capital. Au-dessus de cette somme, les jugements sont sujets à l'appel devant le tribunal de commerce.

1860. — L'Impératrice Eugénie, apprenant que deux personnes ont été blessées dans la foule, lors de son arrivée à Lyon, accorde un don de mille francs à l'une d'elles et cinq cents francs à la seconde.

2 — 1856. — L'Empereur et les inondations. — Napoléon III arrive à Lyon et visite en détail les divers lieux inondés ; à chaque pas il rencontre de pauvres gens ruinés par le fléau qui implorent sa bienfaisance inépuisable, en se livrant à des transports d'enthousiasme, de reconnaissance pour l'élu et le sauveur du peuple. Profondément ému lui-même de ces scènes navrantes, l'Empereur remet au sénateur chargé de l'administration du département du Rhône une somme de 100,000 francs, prise sur sa cassette, pour secourir les plus malheureuses victimes de ce désastre.

1859. — Combat de Robecchetto ou de Turbigo. — Sur l'ordre de Napoléon III, la division des voltigeurs de la garde, commandés par le général Camou, se dirigea sur Turbigo, où e le devait passer le Tessin, pendant que le général Espinasse marchait d'un autre côté, afin de dérouter l'ennemi. En même temps, le général de la Motterouge avec ses tirailleurs algériens se porta sur Robecchetto. A l'entrée de ce village, ils furent reçus par une vive fusillade ; nos tirailleurs se précipitèrent tête baissée sur les Autrichiens qui en défendaient les abords. En un instant ils furent rejetés hors du village en éprouvant des pertes considérables et laissant entre nos mains une grande quantité d'effets de campement.

3 — 1856. — Les inondations. — Après avoir soulagé et ranimé la population lyonnaise, l'Empereur alla consoler les autres centres frappés du même fléau. Il visita successivement Vienne, Condrieu, Tain, Tournon, Valence, Avignon où l'archevêque le reçut par ces belles paroles :

« Sire, vous avez été le sauveur de la Patrie ; aujourd'hui, vous vous en montrez le père. Votre génie a relevé la France à la hauteur de ses destinées ; la charité qui vous fait accourir près de nous, prompt comme le fléau qui couvre de désolation notre cité et nos campagnes, vous élève un trône dans le cœur des malheureux. »

Après avoir pressé les mains de l'archevêque ; Napoléon III monta dans une frêle embarcation, parcourut ainsi les rues les plus petites et les plus pauvres, et dirigea partout le sauvetage et les secours.

1856. — Napoléon III envoie au préfet de l'Isère une somme de 25,000 francs pour secourir les inondés de ce département.

4 — 1856. — Napoléon III et les inondés. — Entre Lyon et Valence, l'Empereur s'est arrêté dans les villes qui ont le plus souffert du fléau. Sa Majesté a remis pour les victimes : 7,000 francs au sous-préfet de Tournon ; 10,000 francs à Vienne ; 2,000 aux Roches de Condrieu ; 5,000 à Tain ; 20,000 à Valence : 20,000 au préfet de la Drôme ; 4,000 à Montélimart ; 4,000 à la Palud.

1859. — Bataille de Magenta. — Pendant que le général de Mac-Mahon exécutait un mouvement tournant, la division des grenadiers de la garde, avec laquelle se trouvait Napoléon III, supporta seule le choc de l'armée autrichienne. Dans cette journée mémorable où les divisions Vinoy et Regnault firent également des prodiges de valeur, sous les ordres du maréchal Canrobert, l'ennemi eut 20,000 hommes hors de combat, perdit quatre canons et deux drapeaux. Le général Regnault de Saint-Jean-d'Angely fut nommé maréchal de France, le général de Mac-Mahon fut aussi nommé maréchal et duc de Magenta.

5 — 1856. — L'Impératrice Eugénie prend l'initiative d'une souscription en faveur de nos malheureuses victimes des inondations ; Sa Majesté s'inscrit pour 20,000 francs et le Prince Impérial pour 10,000.

6 — 1865. — Proclamation de l'Empereur à l'armée d'Afrique :

« Soldats de l'armée d'Afrique, je veux, avant de retourner en France, vous remercier de vos travaux et de vos fatigues. En visitant tous ces lieux paisibles aujourd'hui, mais témoins depuis trente-cinq ans de luttes héroïques, j'ai ressenti une vive émotion. Sur cette terre conquise par vos devanciers, par vous, se sont formés ces généraux illustres et ces soldats intrépides qui ont porté nos aigles glorieuses dans toutes les parties du monde. »

1868. — Loi relative aux réunions publiques. — Il appartenait encore au gouvernement impérial de donner la liberté de réunion sans autorisation préalable aux associations, sauf pour les assemblées publiques ayant pour objet de traiter de matières politiques ou religieuses.

Dans l'intérêt de l'ordre, toute réunion doit être précédée d'une déclaration signée par sept personnes domiciliées dans la commune où elle doit avoir lieu et jouissant de leurs droits civils et politiques ; elle ne peut être tenue que dans un local clos et couvert.

7 — 1849. — Premier Message du Prince Louis Napoléon. — Le Prince Louis Napoléon était au pouvoir depuis six mois à peine, quand, dans son Message à l'Assemblée législative, il constatait quelques faits qui témoignaient déjà du rétablissement de l'ordre et de la prospérité publique :

« ... Les prisons, dit-il, se sont déjà ouvertes à 1,570 transportés de juin, et bientôt les autres seront mis en liberté sans que la société ait rien à en redouter... La marche suivie avait, en assez peu de temps, rétabli la confiance : les affaires avaient repris un grand essor, les caisses d'épargne se remplissaient... Les demandes en autorisation de Sociétés anonymes se multipliaient ; le nombre des brevets d'invention augmentait de jour en jour... Enfin, dans toutes les villes manufactières, le travail avait recommencé et les étrangers affluaient de nouveau à Paris ; ce mouvement heureux, arrêté un moment par l'agitation électorale, reprendra son cours à l'aide de l'appui que vous prêterez au gouvernement. Deux sortes de lois seront présentées à votre approbation : les unes pour rassurer la société et réprimer les excès, les autres pour introduire partout des améliorations réelles. »

1855. — L'armée française, sous le commandement du général Pélissier, enlève d'assaut les positions importantes du Mamelon-Vert et du Carénage (en avant de Sébastopol), pendant que les Anglais s'emparent de l'ouvrage dit des Carrières.

1855. — L'Empereur et l'Impératrice apprenant les désastres causés par les inondations dans plusieurs départements, envoient aux préfets une somme de 20,000 francs pour être distribués aux habitants les plus nécessiteux.

1856. — Un crédit de deux millions est ouvert pour venir en aide aux familles victimes des inondations.

8 — 1856. — Pour parer aux désastres des inondations, l'Empereur fait remettre 20,000 francs au préfet du Loiret, 5,000 au maire de Beaugency, 20,000 fr. au préfet du Loir-et-Cher, 50,000 fr. au préfet d'Indre-et-Loire, 50,000 fr. au préfet de Maine-et-Loire.

1859 — Entrée de Napoléon III et de Victor-Emmanuel à Milan. — Après avoir pris un peu de repos, les armées française et piémontaise se dirigèrent sur Milan. L'Empereur et le roi firent leur entrée dans cette capitale au milieu des transports d'allégresse de toute la population. A la vue des deux souverains, les bouquets et les couronnes furent lancés avec tant de profusion, que toutes les rues où ils passaient furent recouvertes d'une couche épaisse de fleurs. L'Empereur était souvent obligé d'arrêter son cheval, afin de ne pas écraser le peuple qui se jetait littéralement sous ses pieds.

Quelques heures après son entrée dans la capitale de la Lombardie, Napoléon III adressait deux proclamations : l'une aux Italiens et l'autre à l'armée. En voici un extrait :

« ... Italiens, votre désir d'indépendance, si longtemps exprimé, si souvent déçu, se réalisera si vous vous en montrez dignes. Unissez-vous donc dans un seul but, l'affranchissement de votre pays... Souvenez-vous que sans discipline, il n'y a pas d'armée ; animés du feu sacré de la patrie, ne soyez aujourd'hui que soldats, demain vous serez citoyens libres d'un grand pays... »

Proclamation à l'armée :

« .. Soldats, l'armée alliée a livré des combats heureux et remporté une victoire décisive qui lui ont ouvert les portes de la capitale de la Lombardie ; nous avons mis hors de combat plus de 35,000 Autrichiens, pris 17 canons, 2 drapeaux, 8,000 prisonniers; mais tout n'est pas encore terminé; nous aurons encore des luttes à soutenir, des obstacles à vaincre. Je compte sur vous ; courage donc, braves soldats de l'armée d'Italie ! Du haut du ciel vos pères vous contemplent avec orgueil ! »

1870. — L'Impératrice met à la disposition de l'ambassadeur de France à Constantinople une somme de 10,000 francs destinée à secourir les victimes d'un terrible incendie qui avait eu lieu à Péra.

9 — 1859. — L'Impératrice Eugénie prend l'initiative d'une souscription en faveur de l'armée d'Italie. Elle produisit une somme de 6 millions 111,603 fr.

1859. — Combat de Marignan. — Le maréchal Baraguey-d'Hilliers et le maréchal de Mac-Mahon, sur les ordres de Napoléon III, livrent un combat à Melegnano (Marignan). L'ennemi opposa la résistance la plus énergique aux efforts de nos braves soldats. Enfin, chassés à la baïonnette de retranchement en retranchement, les Autrichiens se retirèrent en nous abandonnant plusieurs pièces de canon et douze cents prisonniers. Ce combat dura neuf heures.

1864. — L'Impératrice Eugénie passant par le village de Thomery, s'arrête devant la maison de Mlle Rosa Bonheur et visite son atelier. En quittant l'éminente artiste, Sa Majesté lui remet les insignes de l'ordre impérial de la Légion d'honneur.

10 — 1850. — Inauguration du chemin de fer de Creil à Saint-Quentin. — Dans son allocution, le Prince Louis Napoléon dit en s'adressant aux habitants :

« Je suis heureux de me trouver parmi vous et je recherche avec plaisir ces occasions qui me mettent en contact avec ce grand et généreux peuple qui m'a élu... Je sens, comme disait l'Empereur, que ma fibre répond à la vôtre, et que nous avons les mêmes intérêts ainsi que les mêmes instincts. Persévérez dans cette voie honnête et laborieuse qui conduit à l'aisance, et que ces livrets que je me plais à vous offrir comme une faible marque de ma sympathie, vous rappellent le très court séjour que je fais parmi vous. »

Répondant à l'allocution du maire de Saint-Quentin, le Prince ajoute :

« Il faut enrichir le peuple par toutes les institutions de prévoyance et d'assistance que la raison approuve, et bien le convaincre que l'ordre est la source première de toute prospérité... Courage donc, habitants de Saint-Quentin ! continuez à faire honneur à notre nation par vos produits industriels. Croyez à mes efforts et à celui du gouvernement pour protéger vos entreprises et pour améliorer le sort des travailleurs. »

1853. — Un crédit de 2 millions 700 mille francs est ouvert pour secourir les anciens militaires de la République et de l'Empire.

1863. — Le général Forey, à la tête de l'armée expéditionnaire, entre en triomphateur à Mexico. Nos soldats sont littéralement couverts de fleurs.

11 — 1856. — Napoléon III à Angers. — A peine arrivé dans cette ville, l'Empereur a parcouru en bateau les parties inondées et s'est rendu aux ardoisières de Trélazé, où l'attendait une foule immense d'ouvriers, de femmes et d'enfants groupés sur les hauteurs. Après leur avoir laissé des marques de sa munificence et les avoir encouragé par quelques bonnes paroles, le charitable souverain s'est séparé d'eux au milieu des témoignages de la plus vive gratitude.

12 — 1856. — Napoléon III à Nantes. — D'Angers l'Empereur se rendit à Nantes, et là, comme partout, les populations se montrèrent profondément touchées de l'empressement avec lequel l'auguste souverain était accouru au milieu d'eux pour les consoler et les ranimer par sa présence. Ainsi qu'à Angers, l'Empereur donna des sommes considérables pour subvenir aux besoins des plus nécessiteux, puis il décora de sa main quelques personnes qui s'étaient signalées par leur courage et leur dévouement.

1870. — Napoléon III, apprenant qu'un incendie venait de mettre dans une grande détresse plusieurs familles de Limoges, envoie une somme de 5,000 fr. pour subvenir aux premiers besoins.

13 — 1849. — Le Prince Louis Napoléon adresse une énergique proclamation au peuple français pour le rassurer sur les menées du parti démagogique et sur la tentative d'insurrection provoquée par Ledru-Rollin au sein même de l'Assemblée législative. Le Prince s'exprima ainsi :

« Quelques factieux osent encore lever l'étendard de la révolte contre un gouvernement légitime, puis-

qu'il est le produit du suffrage universel... Ce système
d'agitation entretient dans le pays le malaise et la
défiance, qui engendrent la misère ; il faut qu'il cesse.
Il est temps que les bons se rassurent et que les mé-
chants tremblent... Elu par la nation, la cause que je
défends est la vôtre, c'est celle de vos familles comme
celle de vos propriétés, celle du pauvre comme du riche, celle de la civilisation tout entière. Je ne reculé-
rai devant rien pour la faire triompher. »

1870. — L'Empereur envoie une somme de mille
francs pour venir en aide aux familles de pêcheurs
de Gruissan, dont les cabanes et les filets ont été la
proie des flammes.

14 — 1849. — Le Prince Louis Napoléon consacre
une somme de 7,000 francs au soulagement des familles nécessiteuses du département de la Seine, frappées par le choléra.

1856. — Baptême à Notre-Dame du Prince Impérial, qui a le Pape Pie IX pour parrain et la reine de
Suède pour marraine. Sur toute la ligne que le cortège devait parcourir, une population immense se
pressait pour acclamer la Famille Impériale.

Peuple, ce jeune Prince, que tu saluais par tes
vivats les plus sincères, n'est plus. Il est mort loin de
sa patrie, loin de sa mère, loin de ses amis, le dimanche de la Pentecôte 1er juin 1879, mais sa dépouille
mortelle repose près de son illustre père sur les bords
de la Tamise. Avant de partir pour combattre sur
cette terre d'Afrique, ce Prince a laissé un testament
dans lequel se trouve une phrase qui s'adresse à toi.
Ecoute ami :

« **Je désire que mon corps soit déposé auprès de
celui de mon père, en attendant qu'on les transporte
tous deux là où repose le fondateur de notre Maison,
au milieu de ce peuple français que nous avons, comme
lui, bien aimé.** »

1857. — Pose de la première pierre du fort Napoléon en Kabylie.

15 — 1851. — Lors de son voyage à Lyon le Prince
Louis Napoléon fait remettre une somme de 10,000
francs pour les indigents de Dijon, Châlon, Beaune et
Montbard.

1856. — Lettre de l'Empereur à M. Ponsard pour le féliciter de sa pièce intitulée : *la Bourse.*

1860. — L'Empereur accorde une pension de 6,000 francs sur sa cassette à M. Liechtenberger, de Strasbourg.

16— 1862. — Translation aux Invalides des restes mortels du roi Joseph, frère de Napoléon Ier.

1867. — L'Impératrice Eugénie donne un prix de 2,500 fr. à la Société des courses de Fontainebleau.

17— 1849. — Le Prince Louis Napoléon visite les hôpitaux de l'Hôtel-Dieu, du Val-de-Grâce et de la Salpêtrière, alors désolés par le choléra.

1870. — Apprenant qu'un incendie vient d'éclater dans la commune de Forest (Nord), l'Empereur, dont la charité est inépuisable, envoie sur-le-champ une somme de deux mille francs pour secourir les familles privées de ressources.

18— 1850. — Caisse des retraites pour la vieillesse. — Remédier à la misère par le travail et l'économie, offrir à l'ouvrier les moyens d'assurer le repos de ses vieux jours par ses propres efforts et par l'épargne, telle fut la pensée de l'Empereur en prenant lui-même l'initiative de cette institution si bienfaisante et si moralisatrice de la Caisse des retraites. La loi du 19 juin 1850, qui en établit les avantages, n'a pas voulu qu'elle fut une cause de dépouillement pour les héritiers. Les capitaux versés leur sont remis à la mort du déposant, s'il en a fait la demande au moment du versement ; dans le cas contraire, le capital fait retour à la caisse des retraites. (V. 11 mai.)

1850. — Le Prince Louis Napoléon fait remettre une somme de 2,400 francs aux ouvriers nécessiteux de Saint-Quentin.

1860. — Création sous le patronage de l'Impératrice de la caisse des offrandes nationales des armées de terre et de mer. — Au moment de la guerre d'Italie, une souscription organisée sous les auspices de l'Impératrice, pour venir en aide aux veuves et aux enfants de nos soldats, avait produit 5 millions 630,000 francs. Cette somme fut affectée à la dotation d'une institution permanente, érigée en établissement d'utilité publique, sous le nom de Caisse des Offrandes nationales en faveur des ar:ées de terre et de mer.

1866.—L'Empereur offre deux carabines suisses de sa collection comme prix au grand concours de tir qui a eu lieu à Vincennes.

19 — 1859. — En témoignage de reconnaissance, envers le 2ᵉ régiment de zouaves, pour sa conduite héroïque à Magenta, Napoléon III décore de la croix de la Légion d'honneur l'aigle du drapeau de ce brave régiment.

1865. — L'Impératrice visite les jeunes détenus de la Roquette. — Cette visite provoqua des améliorations considérables : une commission fut nommée pour examiner si le système de détention était conforme à la loi et aux principes de l'humanité. Depuis cette époque, les petits prisonniers sont transférés dans les colonies agricoles.

20 — 1859. — Entrée de Napoléon III à Brescia — L'Empereur, venant de Travigliato, fait son entrée dans Brescia au milieu des acclamations les plus vives de la population qui s'est portée au-devant de lui. Là, comme à Milan, les femmes et les jeunes filles se sont montrées des plus enthousiastes. Des arcs de triomphe, chargés de guirlandes et de fleurs étaient également élevés de tous côtés. Le soir, la ville, entièrement pavoisée, était resplendissante par ses illuminations en l'honneur des libérateurs de l'Italie.

21 — 1861. — Les départements du Cher, de la Marne, de la Haute-Marne, de Saône-et-Loire, de la Côte-d'Or et de l'Allier ayant été éprouvés par un ouragan qui causa d'énormes ravages, l'Empereur, informé, envoie aussitôt une somme de quarante-trois mille francs pour être répartie entre les familles les plus éprouvées.

1870. — L'Impératrice Eugénie visite la maison de refuge israélite, fondée, d'après le désir exprimé par Sa Majesté, pour les enfants de cette religion détenus et abandonnés.

22 — 1853. —Décret qui joint une Exposition universelle des Beaux-Arts à l'Exposition universelle de 1855.—C'est sur la sollicitation de l'Impératrice que ce décret fut rendu. Tandis que l'Empereur s'occupait à placer la France à la tête des nations fortes par les armes, puissantes par l'industrie et le commerce, il appartenait au génie plus doux de la femme de songer à ce qui fait l'ornement de notre patrie. Cette Exposition réunit tout ce que les artistes des cinq parties du monde ont produit de plus remarquable depuis un demi-siècle.

1836.—Visite de l'Impératrice aux sourds-muets.

23 — 1867. — L'Impératrice visite le quartier des jeunes détenus établi dans les dépendances de la prison de Saint-Lazare.

1870. — Les deux hameaux de Moliens (Oise) et Movéac (Morbihan) ayant été victime d'incendie, l'Empereur, avec sa générosité habituelle, envoya immédiatement un secours pécunier pour parer aux premiers besoins des familles privées de ressources.

24 — 1859.—Bataille de Solferino. — L'Empereur d'Autriche espérant reprendre sa revanche, avait rassemblé au bord du Mincio 150,000 hommes.—Le signal de l'attaque fut donné à quatre heures du matin Napoléon III dirigea toutes les manœuvres pendant les seize heures que dura la lutte. Lui seul semblait ignorer les dangers auxquels il était exposé. « Retirez-vous, Sire, disait-on de toutes parts, les Autrichiens tirent sur vous. —Eh bien ! reprit-il sans s'émouvoir, faites-les taire, mes enfants, et ils ne tireront plus. » A huit heures du soir, la bataille était gagnée. Le général Niel fut nommé maréchal de France.

1860.— Ouverture de l'Exposition universelle à Besançon.

1857.—L'Empereur Napoléon III visite les fortifications de Compiègne, spécialement les ruines de la cour par laquelle Jeanne d'Arc exécuta la sortie qui lui fut si funeste Etonné que cette héroïne n'eût pas de statue en cet endroit, il promit d'acquitter sur sa cassette cette dette nationale. (V. 28 mars.)

25 — 1859. — Le lendemain de la mémorable bataille de Solférino, Napoléon III adresse à l'armée d'Italie un ordre du jour dans lequel il dit :

« Soldats! l'ennemi croyait nous surprendre et

nous rejeter au-delà de la Chiese ; c'est lui qui a re-
passé le Mincio. Vous avez dignement soutenu l'honneur de la France, et la bataille de Solférino égale et
dépasse les souvenirs de Lonato et de Castiglione. Pendant douze heures vous avez repoussé les efforts déses-
pérés de plus de 150,000 hommes. Ni la nombreuse artillerie de l'ennemi, ni les positions formidables qu'il
occupait sur une profondeur de trois lieues, ni la chaleur accablante n'ont arrêté votre élan. La patrie reconnaissante vous remercie par ma bouche de tant de
persévérance et de courage ; mais elle pleure avec
moi ceux qui sont morts au champ d'honneur... »

1867. — Visite de l'Impératrice à la Maison Impériale de Charenton.

26 — 1861. — Loi qui élève les pensions de retraite de l'armée de terre et de la flotte.

1868. — Napoléon III envoie une somme de cinq
mille francs aux familles victimes des ouragans qui
ont sévi dans les départements de l'Hérault et de
l'Ariège.

1870. — La Famille Impériale apprenant qu'un ouragan avait ravagé plusieurs cantons entre Valdrôme
et Die (Drôme), envoie une somme de 2,000 francs
pour secourir les familles les plus nécessiteuses, victimes de ce désastre. Une pareille somme est également envoyée par Leurs Majestés aux incendiés de la
commune de Proulieu (Ain).

27 — 1865. — Napoléon III visite avec le plus
grand intérêt les travaux exécutés sous la direction
de M. Haussmann, préfet de la Seine, pour amener à
Paris les eaux de la Dhuys.

1869. — L'Empereur et l'Impératrice se rendent à
Beauvais pour présider à la distribution des récompenses du concours régional de cette ville. Une réception splendide fut faite à Leurs Majestés. Les populations du département et des départements circonvoisins étaient accourues en foule dans cette ville ; les
acclamations les plus sympathiques et les plus chaleureuses se firent entendre sur le passage des augustes visiteurs.

28 — 1852. — Le Prince Louis Napoléon adresse

à la Chambre des députés un Message dans lequel il dit :

« Au moment où la session de 1852 va se clore, je tiens à vous remercier de votre concours et du loyal appui que vous avez donné à nos institutions nouvelles. Vous avez su résister à ce qu'il y a de plus dangereux parmi les hommes réunis, l'entraînement de l'esprit de corps : et, toute susceptibilié écartée, vous vous êtes occupés des grands intérêts du pays, comprenant que le temps des discours passionnés et stériles était passé, que celui des affaires était venu...

» En retournant dans vos départements, soyez les échos fidèles du sentiment qui règne ici : la confiance dans la conciliation et la paix. Dites à vos commettants qu'à Paris, ce cœur de la France, ce centre révolutionnaire qui répand tour à tour sur le monde la lumière et l'incendie, vous avez vu un peuple immense s'appliquant à faire disparaître les traces des révolutions et se livrant avec joie au travail, avec sécurité dans l'avenir. Lui qui naguère dans son délire était impatient de tout frein, vous l'avez vu saluer avec acclamation le retour de nos aigles, symbole d'autorité et de gloire... Vous avez vu cette armée si fière, qui a sauvé le pays, se relever encore dans l'estime des hommes en s'agenouillant avec recueillement devant l'image de Dieu, présente au haut de l'autel. Ce a veut dire qu'il y a en France un gouvernement animé de la foi et de l'amour du bien, qui repose sur le peuple, source de tout pouvoir ; sur l'armée, source de toute force ; sur la religion, source de toute justice.. »

29 — 1853. — Décret organisant la pension à accorder aux prêtres âgés ou infirmes.

1862. — Convention littéraire entre la France et l'Italie.

1870. — Napoléon III envoie une somme de 1,000 francs aux familles incendiées de la commune de Lavalette (Isère), et 500 francs aux incendiés de Ménétréal-sous-Sancerre (Cher.)

30 — 1866. — Napoléon III souscrit la somme de 10,000 francs, pour élever un monument en l'honneur de Jeanne-d'Arc, à Rouen.

JUILLET

> Les devoirs de notre Maison envers
> le pays ne s'éteignent pas avec ma
> vie ; moi mort, la tâche de continuer
> l'œuvre de Napoléon Ier et de Napo-
> léon III incombe au fils aîné du Prince
> Napoléon.
>
> *Testament du* PRINCE IMPÉRIAL.

1er — 1851. — Le Prince Louis Napoléon inaugure
le chemin de fer de Tours à Poitiers.

1867.— Distribution des récompenses aux exposants
de l'Exposition universelle. — A la suite du rapport lu
par M. Rouher, vice-président de la commission impériale, l'Empereur a prononcé un discours dans lequel on remarque les passages suivants :

« L'Exposition de 1867 peut à juste titre s'appeler
universelle, car elle réunit les éléments de toutes les
richesses du globe... Elle est universelle, car, à côté
des merveilles que le luxe enfante pour quelques-uns,
elle s'est préoccupée de ce que réclament les nécessités
du plus grand nombre. Jamais les intérêts des
classes laborieuses n'ont éveillé une plus vive sollicitude. Leurs besoins moraux et matériels, l'éducation,
les conditions, l'existence à bon marché, les combinaisons les plus fécondes de l'association ont été l'objet
de patientes recherches et de sérieuses études... Féli-
citons-nous, messieurs, d'avoir reçu parmi nous la
plupart des souverains et des princes de l'Europe, et
tant de visiteurs empressés. Soyons fiers aussi de leur
avoir montré la France telle qu'elle est, grande, prospère et libre. Il faut être privé de toute foi patriotique
pour douter de sa grandeur, fermer les yeux à l'évi-
dence, pour nier sa prospérité, méconnaître ses institutions, qui parfois tolèrent jusqu'à la licence, pour
ne pas y voir la liberté... »

2 — 1855. — Ouverture de la session législative extraördinaire. — Après avoir exposé, au Sénat et au Corps législatif, la situation politique de la France, l'Empereur termine son discours en disant :

« Messieurs, payons ici solennellement un juste tribut d'éloges à ceux qui combattent pour la patrie (guerre de Crimée) ; associons-nous à ses regrets pour ceux dont elle déplore la perte. L'exemple de tant d'abnégation et de constance n'aura pas été en vain donné au monde. Que les sacrifices nécessaires ne nous découragent pas ; car, vous le savez, une nation, doit ou abdiquer tout rôle politique, ou, si elle a l'instinct et la volonté d'agir conformément à sa nature généreuse, à son histoire séculaire, à sa mission providentielle, elle doit, par intervalles, savoir supporter des épreuves qui seules peuvent la retremper et la porter au rang qui lui est dû. Confiance en Dieu, persévérance dans nos efforts, et nous arriverons à une paix digne de l'alliance de deux grands peuples. »

3 — 1860. — A l'occasion de la mort du prince Jérôme, frère de Napoléon Ier, l'Empereur fait répartir une somme du 50,000 francs entre les bureaux de bienfaisance des vingt arrondissements de Paris.

4 — 1866. — Visite de l'Impératrice Eugénie aux cholériques d'Amiens. — Depuis quelque temps, la malheureuse population d'Amiens était en proie aux horreurs d'un des plus grands fléaux qui aient désolé la terre : le choléra sévissait avec vigueur dans cette ville. Effrayée par les ravages de cette terrible maladie, une partie des habitants fuyaient devant le danger. La panique était à son comble. N'écoutant que l'inspiration de son cœur, aussi généreux que sensible, l'Impératrice Eugénie vole aux lieux du péril disputer du moins au trépas quelques-unes de ces victimes qui succombent par milliers. Elle semble se multiplier en prodiguant partout les soins, les encouragements, les secours, les prières, les larmes même avec ceux qui pleurent, et nul doute que son auguste présence n'ait rappelé plus d'un mourant à la vie, quand la crainte retenait loin de leur chevet les plus proches parents et les amis les plus intimes.

(Les républicains ont fait disparaître du musée de cette ville le tableau représentant l'auguste souveraine au chevet des mourants.)

1866. — L'empereur d'Autriche cède la Vénétie à la France et accepte la médiation de l'Empereur Napoléon III pour amener la paix entre les belligérants.

5 — 1849. — Inauguration du chemin de fer de Paris à Chartres. — Au discours que lui adressa le préfet d'Eure-et-Loir, le Prince Louis Napoléon a répondu :

« Je suis heureux de visiter cette ville qui rappelle deux grandes époques, deux grands souvenirs de notre histoire. C'est à Chartres que saint Bernard vint prêcher la deuxième croisade, magnifique idée du moyen-âge, qui arracha la France aux luttes intestines, et éleva le culte de la foi au-dessus du culte des intérêts matériels. C'est aussi à Chartres que fut sacré Henri IV ; c'est ici qu'il marqua le terme de dix années de guerre civile en venant demander à la religion de bénir le retour à la paix et à la concorde. Eh bien ! aujourd'hui, c'est encore à la foi et à la conciliation qu'il faut faire appel : à la foi, qui nous soutient et nous permet de supporter toutes les difficultés du jour ; à la conciliation, qui augmente nos forces et nous fait espérer un meilleur avenir. »

1868. — Le Prince Impérial fait don d'une bannière aux pupilles de la Société de secours mutuels de Villiers-le-Bel (Seine-et-Oise).

6 — 1851. — Inauguration de la statue de Jeanne Hachette, à Beauvais. — A cette occasion, le Prince Louis Napoléon prononça une allocution dans laquelle on remarque les passages suivants :

« Il est encourageant de penser que, dans les dangers extrêmes, la Providence réserve souvent à un seul d'être l'instrument du salut de tous... Ainsi, au quinzième siècle, à peu d'années d'intervalle, deux femmes obscures, mais animées du feu sacré, Jeanne d'Arc et Jeanne Hachette, apparaissent au moment le plus désespéré pour remplir une sainte mission. De semblables exemples doivent être honorés, perpétués. Aussi suis-je heureux de penser que ce soit l'Empereur Napoléon qui, en 1806, ait rétabli l'antique usage, longtemps interrompu, de célébrer la levée du siège de Beauvais. C'est que, pour lui, la France n'était pas un pays factice, né d'hier, renfermé dans les limites étroites d'une seule époque ou d'un seul parti ; c'était la nation grande par huit cents ans de monorchie, non moins grande après dix années de révolution, travaillant à la fusion de tous les intérêts anciens et nouveaux, et adoptant toutes les gloires, sans acception de temps ou de cause »

1860. — La Société du Crédit foncier de France est autorisée à prêter aux départements, aux communes et aux associations syndicales, les sommes qu'ils auraient obtenu la faculté d'emprunter.

7 — 1866. — Une souscription étant ouverte en faveur des victimes de l'nvasion des sauterelles en Algérie, l'Empereur s'inscrit pour 20,000 francs, l'Impératrice 10,000 et le Prince Impérial 5,000.

8 — 1852. — Ouverture d'un crédit extraordinaire de 400,000 francs pour secours généraux aux hospices, bureaux de charité et institutions de bienfaisance.

1859. — Napoléon III propose généreusement à l'empereur d'Autriche une suspension d'armes. L'entrevue des deux souverains amena des paroles de paix ; et la paix, imprévue, fut signée le 12 juillet.

1852. — L'Empereur fait don à la Bibliothèque impériale des onze mille cinq cents monnaies grecques, romaines et musulmanes qui lui ont été offertes par S. A. Saïd Pacha, vice-roi d'Egypte.

1867. — L'Empereur envoie une somme de 8,000 fr. pour soulager les victimes de l'incendie de Châtelard (Savoie).

9 — 1862. — Voyage de l'Empereur et de l'Impératrice en Auvergne. — Partis de Fontainebleau le 7, l'Empereur et l'Impératrice arrivent à Clermont le 9, après avoir visité successivement les usines de Fourchambault, Nevers et Riom. Au discours prononcé par M. le comte de Morny, au nom du conseil général du Puy-de-Dôme, l'Empereur a répondu « qu'il savait depuis longtemps combien il pouvait compter sur l'affection et le dévouement des populations de l'Auvergne, qu'il voudrait pouvoir témoigner à chacun sa reconnaissance, qu'il le ferait en s'occupation sans cesse des intérêts de tous ; mais qu'en souvenir de cette journée, et comme preuve de sa sympathie, il voulait donner au président du conseil général un témoignage de son estime et de son amitié en lui conférant le titre de duc.

1866. — L'Asile des convalescents de Lyon. — Après la création des asiles de Vincennes et du Vésinet, destinés aux convalescents de la Seine, l'Impératrice Eugénie songeait aux ouvriers lyonnais ; le 9 juillet, Sa Majesté fit l'acquisition du château de Longchêne, pour y établir, sur le modèle des deux asiles précédents, une maison de convalescents.

10 — 1862. — L'Empereur et l'Impératrice à Bourges. — De Clermont, l'Empereur et l'Impératrice se rendent à Bourges, après s'être arrêtés un instant à Moulins. Ainsi qu'à Nevers, à Riom et à Clermont-Ferrand, les populations étaient accourues en foule sur le passage des Augustes voyageurs. En réponse au discours du maire, l'Empereur dit « que l'accueil qu'il recevait était pour lui la preuve que le sentiment des populations n'était pas changé, car il se rappelait avec plaisir qu'il y a dix ans, Bourges était la première ville qui eût acclamé l'Empire ; qu'il voulait faire de cette ville un grand établissement militaire, placé dans une position centrale, à l'abri de toute attaque, et qui devrait augmenter encore les forces défensives de la France. »

1870. — L'Empereur envoie 1,000 fr. à Saint-André-en-Terre-Plaine (Yonne), 1,000 fr. à Saxy-Bourdon (Nièvre), 500 fr. à Brassy et à Polgne-Mignon (Nièvre), pour secourir les familles incendiées de ces communes. Une somme de 500 fr. est également envoyée à la commune de Casagnas (Lozère), ravagée par la grêle.

11 — 1868. — Caisses d'assurance. — Les Sociétés de secours mutuels, les Caisses d'épargne et la Caisse des retraites qui garantissent l'ouvrier contre les maux résultant du chômage, de la vieillesse et de la maladie, laissaient subsister une lacune regrettable. L'ouvrier n'avait aucun moyen de s'assurer contre les accidents qui atteignent en si grand nombre les travailleurs des villes et des campagnes, et qui sont suivis de la mort ou d'une incapacité permanente de travail. D'un autre côté, les Compagnies d'assurance sur la vie ne peuvent, à raison de leur organisation, se prêter à des opérations au-dessous d'un certain chiffre, encore assez élevé. Il en résultait que cette forme si louable de la prévoyance était interdite aux petites bourses, et que l'ouvrier ne pouvait assurer à sa mort un modeste capital à sa femme et à ses enfants.

L'Empereur avait voulu combler cette double lacune par la loi du 11 juillet 1868, qui instituait, avec le concours de l'Etat, deux Caisses destinées à faciliter les plus petites assurances et à donner aux ouvriers des villes et des campagnes, moyennant de minimes cotisations annuelles (8, 5 et 3 francs), les moyens de s'assurer des pensions viagères, en cas d'accidents suivis d'infirmités, ou de garantir des secours à leurs veuves et à leurs enfants mineurs. Ces Caisses ont commencé à fonctionner le 1er janvier 1869. En dix mois, la Caisse d'assurance en cas de décès a reçu 123 assurances, représentant un capital assuré de 285,900 francs. Pendant la même période, la Caisse d'assurance en cas d'accidents a reçu 597 assurances. C'est peu, sans doute, mais il faut espérer que, dans un avenir prochain, ces institutions recevront une nouvelle impulsion et suivront les traces de leurs devancières. Pour faciliter les moyens de s'assurer, le gouvernement impérial avait autorisé les trésoriers généraux, les receveurs particuliers des finances, les percepteurs des contributions directes et les receveurs des postes à recevoir les versements. La première application de cette loi a eu lieu le 1er avril 1869, en faveur d'un brave ouvrier maçon, nommé Girondeau, employé aux travaux de restauration du château de Saint-Germain. Par suite d'un accident qui l'a mis dans l'incapacité absolue de travailler, la Caisse d'assurance en cas d'accident a fait inscrire à son profit, au grand livre de la dette publique, une rente viagère de 384 francs. Une cotisation de 8 francs, versée quelques jours avant l'accident, a suffi pour lui assurer le bénéfice de cette rente.

Caisse des chemins vicinaux. — Les traités de commerce ayant donné une très grande impulsion à l'industrie nationale, il était nécessaire d'améliorer les voies de communication, qui étaient dans un déplorable état, afin de faciliter le transport des marchandises. C'est ce que fit le gouvernement de l'Empereur.

Par la loi du 11 juillet 1868, il créa, sous la garantie de l'État, une Caisse chargée de faire, pendant dix ans, aux communes dûment autorisées à emprunter, les avances nécessaires pour l'achèvement des chemins vicinaux ordinaires.

12 — 1854. — Napoléon III passe en revue l'armée expéditionnaire de la Baltique, placée sous les ordres du général Baraguey-d'Hilliers, à Boulogne. Dans son allocution aux troupes, il s'exprime en ces termes :

« Soldats ! la Russie nous ayant contraints à la guerre, la France a armé cinq cent mille de ses enfants. L'Angleterre a mis sur pied des forces considérables. Aujourd'hui, nos flottes et nos armées, unies pour la même cause, vont dominer dans la Baltique comme dans la mer Noire. Je vous ai choisis pour porter les premiers nos aigles dans ces régions du Nord. Allez, mes enfants ! l'Europe attentive fait ouvertement ou en secret des vœux pour votre triomphe. La patrie, fière d'une lutte où elle ne menace que l'agresseur, vous accompagne de ces vœux ardents ; et moi, que des devoirs impérieux retiennent encore loin des événements, j'aurai les yeux sur vous, et bientôt, en vous revoyant, je pourrai dire : Ils étaient les dignes fils des vainqueurs d'Austerlitz, d'Eylau, de Friedland, de la Moskowa. Allez ! Dieu vous protège ! »

1859. — Proclamation de l'Empereur à l'armée d'Italie :

« Soldats ! Les bases de la paix sont arrêtées avec l'empereur d'Autriche... Vous allez bientôt retourner en France ; la patrie reconnaissante accueillera avec transports ces soldats qui ont porté si haut la gloire de nos armes à Montebello, à Palestro, à Turbigo, à Magenta, à Marignan et à Solferino... Soyez donc fiers de vos succès, fiers des résultats obtenus, fiers surtout d'être les enfants bien-aimés de cette France qui sera toujours la grande nation, tant qu'elle aura un cœur pour les nobles causes et des hommes comme vous pour les défendre. »

13 — 1862. — L'Empereur Napoléon III ordonne, par un décret, que le tabac soit fourni à moitié prix aux pensionnaires des hospices, comme il est aux sous-officiers et soldats.

1865. — L'Impératrice visitant les prisonniers. — L'Impératrice Eugénie va visiter les jeunes détenues dans la maison d'arrêt de Saint-Lazare. Ainsi qu'elle l'a fait le 19 juin, lors de sa visite aux jeunes détenus de la Petite-Roquette, Sa Majesté a voulu voir elle-même les ateliers de travail, le réfectoire, les cellules de nuit et de punition, les cuisines et la boulangerie. Ensuite, elle s'est renseignée auprès des religieuses préposées à la garde et à l'éducation des jeunes détenues sur les nombreux services de l'établissement, et a interrogé avec une touchante bonté les jeunes filles qui se pressaient autour d'elle, se faisant ainsi rendre compte des causes de leur détention et de soins dont elles sont l'objet.

1867. — Napoléon III adresse une lettre à M. Rouher, ministre d'Etat, en lui envoyant la grand'croix de la Légion d'honneur en diamants. « Les diamants, dit l'Empereur, n'ajoutent rien à la haute distinction que je vous ai conférée depuis longtemps ; mais je saisis ce moyen de vous donner publiquement une nouvelle preuve de ma confiance et de mon estime. Au milieu de vos nombreux travaux, au milieu des attaques injustes dont vous êtes l'objet, une attention amicale de ma part vous fera oublier, je l'espère, les ennuis inséparables de votre position, pour ne rappeler que vos succès et les services que, journellement, vous rendez au pays. »

1870. — L'Empereur envoie 1,000 francs à Saint-Martin-de-Bavel (Ain) et 1,000 francs à la Flagearde, commune de Saint-Gal (Corrèze), pour secourir les familles incendiées de ces deux hameaux.

14 — 1865. — Loi sur la mise en liberté provisoire. — Cette loi modifie, dans un sens très libéral, quelques articles du Code d'instruction criminelle (art. 91, 94, 113 à 126, 206 et 613), de manière à offrir largement à la magistrature la possibilité d'éviter le mal des détentions préventives.

15 — 1850. — Les Sociétés de secours mutuels. — De tous temps, les ouvriers ont été en butte à des souffrances, produites tour à tour par l'interruption du travail, par la maladie et par la cherté excessive des subsistances ; mais on n'a pas songé à chercher un remède pour subvenir à ces détresses momentanées. L'Empereur Napoléon III n'a pas attendu longtemps pour manifester qu'il était bien ce gouvernement populaire qui s'occuperait sans cesse d'améliorer le sort des classes laborieuses. Dès le 15 juillet 1850, les Sociétés de secours mutuels étaient déclarées établissements d'utilité publique. Il y avait un très grand avantage pour elles à obtenir ce droit, car du moment où elles étaient autorisées, elles pouvaient recevoir des donations et des legs, ce qui arrive encore assez souvent. Ainsi encouragées, ces Sociétés se développèrent et se multiplièrent considérablement. En 1851, il n'en existait que 2,237 ayant un personnel de 20,192 membres honoraires et 255,472 membres participants; à la fin de l'année 1868, on en comptait 6,088 dont le nombre total était de 785,387 membres participants et 116,716 membres honoraires.

Nous espérons qu'un jour viendra où tous les ouvriers feront parti de ces Sociétés qui apportent un si grand soulagement dans une famille quand, malheureusement, le chef est obligé d'interrompre son travail par suite de maladie.

1851. — Le Prince Louis Napoleon fait remettre au préfet de l'Oise une somme de 1,000 fr. pour les indigents.

1854. — Décret impérial qui ouvre un crédit de 300,000 fr. pour secours aux établissements de bienfaisance.

1858. — Commencement des travaux de construction du clocher monumental situé entre l'église Saint-Germain-l'Auxerrois et la mairie.

16 — 1857. — Mort de Béranger. — Napoléon III, voulant honorer la mémoire de Béranger, dont les œuvres ont si puissamment contribué à entretenir le culte des sentiments patriotiques en France et à populariser la gloire de l'Empire, décide que les frais des funérailles de ce poète national seront supportés par la liste civile impériale.

17 — 1852. — Le Prince Louis Napoléon inaugure le chemin de fer de Paris à Strasbourg; partout, sur son passage, il fut l'objet des ovations les plus enthou siastes et les plus sincères.

5

1856. — Loi autorisant un secours de 100 millions aux entreprises de drainage.

1869. — L'Impératrice Eugénie fonde un prix national annuel et perpétuel de 10,000 fr., pour le développement des études géographiques en France.

18 — 1862. — Naissance du Prince Napoléon Victor-Jérôme, fils de S. A. I. le Prince Napoléon et de S. A. Mme la Princesse Marie-Clotilde, fille de Victor-Emmanuel, roi d'Italie.

1869. — Inauguration de l'hôpital Napoléon à Berck. — L'Impératrice et le Prince Impérial se rendent à Berck-sur-Mer (Pas-de-Calais), pour présider à l'inauguration de l'hôpital Napoléon. Ce vaste établissement, fondé sous les auspices de l'Impératrice, est destiné à recevoir jusqu'à huit cents enfants des deux sexes auxquels on a recommandé le traitement de l'hydrothérapie marine. A leur arrivée, l'Impératrice et le Prince Impérial ont été l'objet d'une véritable ovation de la part des populations de la côte. De nombreux arcs de triomphe avaient été élevés depuis Verton jusqu'à Berck. La foule enthousiaste témoignait, par ses acclamations chaleureuses, de sa reconnaissance pour la charitable souveraine et son fils. (V. 2 mars.)

1870. — L'Impératrice envoie une somme de 50,000 fr. à la Société de secours, pour les blessés militaires.

19 — 1849. — Le Prince Louis Napoléon se rend à Amiens pour distribuer des drapeaux aux gardes nationaux du département de la Somme.

1856. — Lettre de Napoléon III au ministre des travaux publics. — Après avoir visité tous les départements inondés, l'Empereur alla prendre quelques jours de repos à Plombières; ses méditations se reportèrent sur les scènes dont il a été le témoin. Il savait ce que les populations attendaient de sa sollicitude, et il écrivit à ce sujet au ministre des travaux publics :

« Après avoir examiné avec vous les ravages causés par les inondations, dit-il, ma première préoccupation a été de rechercher les moyens de prévenir de semblables désastres. D'après ce que j'ai vu, il y a dans la plupart des localités des travaux secondaires indiqués par la nature des lieux, et que les ingénieurs habiles, mis à la tête de ces travaux, exécuteront facilement... Mais quant au système général à adopter pour mettre, dans l'avenir, à l'abri de si terribles fléaux, nos riches vallées traversées par de grands fleuves, voilà ce qui manque encore et ce qu'il faut absolument et immédiatement trouver... »

1870. — Communication au Sénat et au Corps législatif de la déclaration de guerre contre la Prusse.

20 — 1857. — Napoléon III fait don d'une somme de 20,000 francs aux communes d'Aillevillers et Fougerolles (Haute-Saône), pour secourir les familles pauvres.

1859. — Ouverture de l'Exposition à Bordeaux.

21 — 1859. — Le corps diplomatique se rend à Saint-Cloud pour féliciter Napoléon III au sujet de la conclusion de la paix avec l'Autriche. Aux paroles que lui adressa le président, l'Empereur a répondu :

« L'Europe a été, en général, si injuste envers moi au début de la guerre, que j'ai été heureux de pouvoir conclure la paix dès que l'honneur et les intérêts de la France ont été satisfaits, et de prouver qu'il ne pouvait entrer dans nos intentions de bouleverser l'Europe et de susciter une guerre générale. J'espère qu'aujourd'hui, les causes de dissentiment s'évanouissent et que la paix sera de longue durée. Je remercie le corps diplomatique de ses félicitations. »

1859. — Napoléon III accorde une pension de 3,000 francs, sur les fonds de la liste civile, à la mère du général Auger, mort sur le champ de bataille de Solferino.

1862. — Pose de la première pierre du Grand-Opéra, à Paris.

22 — 1849. — Le Prince Louis Napoléon à Ham. — A son arrivée, une réception splendide lui fut faite par les habitants. Après avoir assisté au banquet offert par la ville, Louis Napoléon se rendit à la forteresse, qui était, ce jour-là, pavoisée de guirlandes, de fleurs et de drapeaux. Il fit lui-même les honneurs de son ancienne habitation aux personnes qui l'accompagnaient. Il indiquait avec son aménité ordinaire toutes les particularités de son existence et de ses habitudes dans le fort.

1860. — Les grandes puissances accueillent les propositions faites par le gouvernement de l'Empereur dans le but d'arrêter l'effusion du sang en Syrie, et de protéger les populations chrétiennes.

1867. — Loi qui supprime la contrainte par corps en matière commerciale, civile et contre les étrangers.

1870. — Proclamation de l'Empereur au peuple français annonçant qu'il va se mettre avec son fils à la tête de l'armée du Rhin :

« Français, dit-il, il y a dans la vie des peuples des moments solennels, où l'honneur national, violemment excité, s'impose comme une force irrésistible, domine tous les intérêts et prend seul en main la direction des destinés de la patrie. Une de ces heures décisives vient de sonner pour la France. La Prusse, à qui nous avons témoigné pendant et depuis la guerre de 1866 les dispositions les plus conciliantes, n'a tenu aucun compte de notre bon vouloir et de notre langage. Lancée dans une voie d'envahissement, elle a éveillé toutes les défiances, nécessité partout des armements exagérés et fait de l'Europe un camp où règnent l'incertitude et la crainte de lendemain...

« Nous ne faisons pas la guerre à l'Allemagne, dont nous respectons l'indépendance. Nous faisons des vœux pour que les peuples qui composent la grande nationalité germanique disposent librement de leurs destinées. Quant à nous, nous réclamons l'établissement d'un état de choses qui garantisse notre sécurité et assure l'avenir. Nous voulons conquérir une paix durable, basée sur les vrais intérêts des peuples, et faire cesser cet état précaire où toutes les nations emploient leurs ressources à s'armer les unes contre les autres...

« Français ! Je vais me mettre à la tête de cette vaillante armée qu'anime l'amour du devoir et de la patrie... J'emmène mon fils avec moi, malgré son jeune âge. Il sait quels sont les devoirs que son nom lui impose, et il est fier de prendre sa part dans les dangers de ceux qui combattent pour la patrie... »

23 — 1849. — Le Prince Louis Napoléon envoie une somme de 3,000 fr. au bureau de bienfaisance à Amiens.

1851. — Un orage épouvantable ayant causé de grands dégâts dans quelques départements, le Prince Louis Napoléon fait distribuer une somme de 40,000 fr. aux sinistrés.

1857. — Pose de la première pierre du nouvel établissement de bains à Plombières.

1870. — L'Impératrice Eugénie visite l'escadre en rade de Cherbourg et donne lecture de la proclamation que l'Empereur adressait aux marins de la flotte.

24 — 1852. — En témoignage de reconnaissance de l'accueil sympathique qui lui fut fait par les populations à son arrivée et pendant son séjour à Strasbourg, le Prince Louis Napoléon donne une somme de 10,000 fr. pour être distribuée entre les familles nécessiteuses.

1867. — Loi sur les Sociétés. — Les Sociétés en général sont soumises à certaines dispositions législatives qui auraient considérablement gêné les associations coopératives. Par la loi du 24 juillet 1867, le gouvernement de l'Empereur a voulu enlever cette gêne et ces entraves, afin de procurer aux ouvriers les moyens de s'associer.

25 — 1852. — Pose de la première pierre des bâtiments qui devaient achever le Louvre en le reliant aux Tuileries. Le plan du célèbre architecte Visconti ayant obtenu la préférance, ce fut lui qui vint recevoir le ministre d'Etat, le comte Xavier de Casabianca, chargé de présider à la solennité.

26 — 1865. — Promulgation de la convention de commerce conclue entre entre la France et l'Espagne.

1866. — Lettre de l'Empereur au ministre d'Etat relative à la création d'une caisse des invalides du travail.

1870. — Les instituteurs primaires. — Améliorer la position des hommes qui se vouent à l'éducation de la jeunesse et dont la tâche est si ingrate, était aussi une des préoccupations constantes de Napoléon III. En effet, le traitement des instituteurs communaux fut successivement augmenté sous le gouvernement impérial ; de 500 francs qu'il était en 1850, il fut porté à 800 francs par un décret en date du 26 juillet 1870 ; par le même décret, le traitement des instituteurs primaires publics de la première classe ne peut être inférieur à 600 francs, et celui des institutrices de la seconde à 500 francs.

27 — 1862. — Inauguration de la nouvelle institution de Sainte-Périne à Auteuil. Cette institution reçoit quatre cents personnes des deux sexes, âgées de soixante ans au moins.

1870. — Le département des Landes ayant été éprouvé par plusieurs sinistres, l'Empereur, qui en fut informé, envoya aussitôt une somme de 5,000 fr. comme premier secours aux victimes.

En même temps, l'Empereur envoie 1,000 francs aux incendiés de Viabon (Eure-et-Loir), et 5,000 francs aux victimes de plusieurs incendies dans le département des Landes.

28 — 1857. — L'Empereur et l'Impératrice envoient deux magnifiques lots en argenterie pour une loterie organisée au profit des pauvres de Montrouge.

1860. — Loi relative au reboisement des montagnes. (V. 19 juillet.)

1869. — L'Impératrice Eugénie accorde des secours viagers annuels de 200, 150 et 100 francs à cinquante-deux aveugles de Paris et des départements.

1870. — L'Empereur envoie 1,000 francs pour secourir les incendiés de la commune d'Azat-Châtenet (Creuze).

1870. — Arrivée de l'Empereur et du Prince Impérial à Metz. — Proclamation de Sa Majesté à l'armée :

« Soldats, je viens me mettre à votre tête pour défendre l'honneur et le sol de la patrie. Vous allez combattre une des meilleures armées de l'Europe ; mais d'autres, qui valaient autant qu'elle, n'ont pu résister à votre bravoure... La guerre qui commence sera longue et pénible... Mais rien n'est au-dessus des efforts persévérants des soldats d'Afrique, de Crimée, de Chine, d'Italie et du Mexique... La France entière vous suit de ses vœux ardents, et l'univers a les yeux sur vous. De nos succès dépend le sort de la liberté et de la civilisation.

« Soldats, que chacun fasse son devoir et le Dieu des armées sera avec nous ! »

29 — 1849. — Inauguration du chemin de fer de Tours à Angers. — En inaugurant le chemin de fer de Tours à Angers, le Prince Louis Napoléon répond au maire de cette ville par une allocution dans laquelle il dit :

« En parcourant votre ville, au milieu des acclamations de la population, je me demande ce que je puis avoir fait pour mériter un accueil si flatteur, si enthousiaste. Ce n'est pas seulement parce que je suis le neveu de l'homme qui fit cesser toutes nos dissensions civiles que vous me recevez avec tant de bienveillance, mais vos acclamations s'expliquent parce que je représente ce système de modération et de conciliation qui consiste à implanter en France, non cette liberté sauvage permettant à chacun de faire ce qu'il veut, mais la liberté des peuples civilisés, permettant à chacun de faire ce qui ne peut nuire à la communauté. »

1858. — La Famille Impériale envoie une somme de 3,000 francs à Montbrison (Loire), pour être réparti entre les victimes d'un incendie.

1861. — Napoléon III, étant à Vichy, donne 10.000 francs pour les pauvres.

1865. — Promulgation de la convention conclue entre la France et le Wurtemberg.

30 — 1849. — Le Prince Louis Napoléon part d'Angers pour se rendre à Nantes ; il assiste au banquet offert par la ville, et répond en ces termes au toast qui lui est porté :

« Ce n'est pas sans émotion que j'ai vu ce grand fleuve derrière lequel se sont réfugiés les derniers glorieux bataillons de notre grande armée ; ce n'est pas sans émotion que je me suis arrêté avec respect devant le tombeau de Bonchamp ; ce n'est pas sans émotion qu'aujourd'hui, assis au milieu de vous, je me trouve en face de la statue de Cambronne. Tous ces souvenirs, si noblement appréciés par vous, me prouvent que, si le sort le voulait, nous serions encore là

grande nation par les armes. Mais il y a une gloire
tout aussi grande aujourd'hui, c'est de nous opposer à
toute guerre civile et à toute guerre étrangère, et de
grandir par le développement progressif de notre industrie et de notre commerce... Soyons unis ; oublions
toute cause de dissension, soyons dévoués à l'ordre et
aux grands intérêts de notre pays, et bientôt nous
serons encore la grande nation par les arts, par l'industrie, par le commerce. »

1870. — L'Empereur fait remettre 500 francs aux
victimes de l'incendie du village de Pontalibaud
(Creuse) et 500 francs à ceux de la commune de Lavalette.

31 — 1849. — Le Prince Louis Napoléon à Saumur.
— Invité à un banquet, le Prince Louis Napoléon a
porté à l'armée un toast où l'on remarque ces paroles :
« Ici, l'esprit militaire est encore dans toute sa force,
et Dieu en soit loué! il n'est pas prêt de s'éteindre!
N'oublions pas que cet esprit militaire est, dans les
temps de crise, la sauvegarde de la patrie. Dans la
première révolution, l'Empereur l'a dit, tandis qu'à
l'intérieur tout les partis se décimaient et se déshono-
raient réciproquement par leurs excès, l'honneur national s'était réfugié dans nos armées. Faisons donc
tous nos efforts pour garder intact, pour développer
encore cet esprit militaire ; car, croyez-le, si les produits des arts et des sciences méritent toute notre ad-
miration, il y a quelque chose qui la mérite encore
davantage. c'est la religion du devoir, c'est la fidélité
au drapeau. »

1854. — Caisse de retraites pour les prêtres infirmes.
— L'Empereur ne pense pas seulement à l'ouvrier,
c'est encore le prêtre âgé ou infirme qui fait l'objet de
sa sollicitude. Après avoir pendant toute sa vie prodigué ses veilles et ses soins à ceux que Dieu a confiés à
sa garde, devra-t-il rester sans ressources? Un décret
en date du 29 juin 1853, organisa une caisse de retraites en sa faveur, et le 21 juillet 1854, une loi affecte
à cette caisse une somme de 5 millions.

1864. — Lettre de Sa Majesté l'Empereur au ministre
de sa Maison pour engager le préfet de la Seine à faire
commencer bientôt les travaux de l'Hôtel-Dieu et pour

faire diriger ceux de l'Opéra, de manière à ne les terminer qu'en même temps. « J'attache un grand prix, dit l'Empereur, à ce que le monument consacré aux plaisirs ne s'élève pas avant l'asile de la souffrance. »

AOUT

Douée de toutes les qualités de l'âme, l'Impératrice sera l'ornement du trône, comme au jour du danger e le deviendrait un de ses courageux appuis.

NAPOLÉON III.

1ᵉʳ — 1851. — Loi accordant un crédit extraordinaire de 1 million pour les dépenses concernant les édifices diocésains.

1860. — L'Empereur assiste au concours international de machines à moissonner, tenu sur le domaine impérial de la Fouilleuse.

1861. — Inauguration du chemin de fer de Nevers à Montargis. — A partir du nouvel embranchement, l'Empereur s'est arrêté successivement à Cosne, à Gien et à Montargis, et a reçu des autorités et des populations l'accueil le plus enthousiaste. Bien que le souverain ne dût pas s'arrêter aux stations intermédiaires, tous les habitants des campagnes, spontanément accourus, bordaient littéralement la voie sur le reste du parcours, avides de l'apercevoir, et voulaient ainsi témoigner de leur reconnaissance pour cette voie nouvelle qui venait enrichir encore leurs départements.

2 — 1854. — La vertu récompensée. — A Valence, une femme quitte les habits de son sexe pour être admise dans les chantiers du chemin de fer sous le nom de Michel, en qualité d'ouvrier terrassier, afin de se procurer par son travail les moyens de subvenir aux besoins de son mari malade et de ses quatre enfants. L'Impératrice Eugénie, bonne et généreuse comme l'Impératrice Joséphine, émue au récit de ce dévouement de la femme Hubschen, fait écrire immédiatement par son secrétaire des commandements une lettre par laquelle Sa Majesté s'engage à prendre à sa charge deux des enfants. La jeune fille Marguerite a été élevée chez les sœurs de Saint-Vincent-de-Paul et le garçon chez M. Martin, instituteur.

1870. — Bataille et victoire de Saarbrück.

3 — 1858. — L'Empereur et l'Impératrice quittent Saint-Cloud pour commencer leur voyage en Normandie et en Bretagne.

1865. — L'Empereur visite l'établissement thermal de Bourbonne-les-Bains.

4 — 1858. — L'Empereur et l'Impératrice quittent Caen au milieu des acclamations des habitants. Après un court arrêt à Bayeux et à Valognes, Leurs Majestés arrivent à Cherbourg, où elles sont reçues au bruit des vivats d'une foule innombrable.

1860. — Le général Collineau met en déroute l'armée chinoise.

1870. — Bataille de Wissembourg ; mort du général Abel Douay.

5 — 1854. — En mémoire du vœu exprimé par Napoléon Ier dans son testament, 1 million 300,000 fr. sont attribués aux départements qui ont souffert de la guerre en 1815.

1858. — Entrevue de l'Empereur et de la reine Victoria à Cherbourg. — Napoléon III et l'Impératrice Eugénie se rendent au devant de la reine d'Angleterre, qui avait accepté l'invitation de visiter les travaux du port de Cherbourg. Une foule immense s'était portée sur le passage des Souverains et témoignait sa joie par de chaleureuses acclamations. Le soir, la ville, les forts, les vaisseaux, étaient brillamment illuminés, et les acclamations les plus vives n'ont pas cessé de retentir.

1861. — Décret impérial portant création du lycée Fontanes à Niort.

6 — 1858. — L'Empereur pose la première pierre de l'hospice civil à Cherbourg.

1862. — Napoléon III visite la papeterie de Cusset et examine particulièrement une machine motrice d'un nouveau système, fonctionnant à l'air chaud et connu sous la dénomination de gazemoteur.

1868. — L'Impératrice visite l'établissement de Sainte-Anne, asile central des aliénés du département de la Seine.

1870. — Bataille de Reischoffen et de Forbach.

7 — 1858. — L'Empereur et l'Impératrice inaugurent le nouveau bassin creusé dans l'arsenal de Cherbourg. Cet immense réceptacle, long de 420 mètres sur 200 de large, a exigé plus de 20 années de travaux ; il est entouré de sept formes de radoub, dont deux, destinées aux vaisseaux de premier rang, sont les plus spacieuses du monde, leur longueur étant de 140 mètres et leur largeur de 50 mètres, et de sept cales de construction.

1860. — L'Empereur, l'Impératrice et le Prince Impérial s'inscrivent pour 35,000 francs à la souscription ouverte en faveur des chrétiens d'Orient.

1860. — Napoléon III passe en revue, au camp de Châlons, le 5e et le 13e de ligne et l'escadron du 1er hussards, qui partent en Syrie. Après avoir distribué quelques médailles, l'Empereur prononce une allocution dans laquelle il dit :

« Soldats ! Vous partez pour la Syrie, et la France salue avec bonheur une expédition qui n'a qu'un but, celui de faire triompher les droits de la justice et de l'humanité... Vous ne partez pas en grand nombre, mais votre courage et votre prestige y suppléeront, car partout, aujourd'hui, où l'on voit passer le drapeau de la France, les nations savent qu'il y a une grande cause qui le précède, un grand peuple qui le suit. »

1869. — La paroisse de Verrières (Aube) qui, en 1864, avait déjà reçu de l'Empereur un secours de 4,000 francs pour l'achèvement de son église, est gratifiée de nouveau d'un ornement d'une grande valeur.

1870. — A la suite de nos revers, l'Impératrice, qui était à Saint-Cloud, arrive aussitôt à Paris et adresse au peuple la proclamation suivante :

« Français ! Le début de la guerre ne nous est pas favorable : nous avons subi un échec. Soyons fermes dans ce revers et hâtons-nous de le réparer ! Qu'il n'y

ait parmi nous qu'un seul parti, celui de la France ;
qu'un seul drapeau, celui de l'honneur national !

» Je viens au milieu de vous. Fidèle à ma mission
et à mon devoir, vous me verrez la première au danger
pour défendre le drapeau de la France. J'adjure tous
les bons citoyens de maintenir l'ordre. Le troubler
serait conspirer avec nos ennemis. » (V. 4 septembre.)

8 — 1858. — Inauguration de la statue de Napoléon Iᵉʳ à Cherbourg. — A cette occasion, l'Empereur
Napoléon III prononce les paroles suivantes :

« Je remercie la ville de Cherbourg d'avoir élevé
une statue à l'Empereur dans les lieux qu'il a entourés de sa sollicitude. Vous avez voulu rendre hommage à celui qui, malgré les guerres continentales,
n'a jamais perdu de vue l'importance de la marine.
Cependant, lorsque, aujourd'hui, s'inaugurent à la
fois la statue de ce grand capitaine et l'achèvement
de ce port militaire, l'opinion ne saurait s'alarmer :
plus une nation est puissante, plus elle est respectée ;
plus un gouvernement est fort, plus il apporte de
modération à ses conseils, de justice dans ses résolu-
tions... Un gouvernement qui s'appuie sur la volonté
des masses n'est esclave d'aucun parti, il ne fait la
guerre que lorsqu'il y est forcé, pour défendre l'honneur national et les grands intérêts des peuples... »

1865. — L'Impératrice et le Prince Impérial se rendent à la maison Napoléon, à Saint-Denis, pour présider à la distribution des prix.

1868. — L'Empereur envoie comme premier prix du
match international du Yacht-Club de France, couru
à Dieppe, un objet d'art d'une valeur de 2,000 francs.

9 — 1855. — Napoléon III décide que les sommes
employées par l'Etat à célébrer la fête du 15 août
seront consacrées, cette année, à donner des secours
aux familles des militaires morts à l'armée d'Orient.

1858. — L'Empereur et l'Impératrice arrivent à
Brest, venant de Cherbourg. Pendant le séjour de
Leurs Majestés à Brest, la ville et la rade présentent
le plus intéressant spectacle, moins peut-être par
l'ensemble des décorations, des illuminations splen-
dides, que par la joie des populations bretonnes accla-
mant le Souverain et la Souveraine.

10 — 1857. — Inauguration du chemin de fer de Nantes à Saint-Nazaire.

1867. — Napoléon III envoie une somme de 2,000 fr. au trésorier de l'Asile des matelots de Douvres.

11 — 1849. — Le Prince Louis Napoléon à Rouen. — En donnant la croix de la Légion d'honneur à des militaires, le Prince Louis Napoléon dit à l'un d'eux qui avait fléchi le genou pour la recevoir :
« Relevez-vous, mon ami, un soldat ne doit mettre le genou en terre que devant Dieu ou dans les feux de peloton. »

1859. — Création d'un prix de 20,000 francs devant être décerné, au nom de l'Empereur, par l'Institut impérial de France, dans la séance publique commune aux cinq académies. Ce prix est distribué tour à tour dans l'ordre des lettres, des sciences et des arts, à une découverte désignée par la majorité des suffrages des académies réunies.

1859. — Par décret de l'Empereur, une chapelle funéraire sera érigée dans la nouvelle cathédrale de Marseille à la mémoire des militaires de tous grades, morts pour la patrie pendant les campagnes d'Afrique, d'Orient et d'Italie.

1859. — Décret impérial créant une médaille commémorative de la campagne d'Italie.

12 — 1850. Le Prince Louis Napoléon assiste au banquet qui lui est offert par la ville de Dijon. Le maire ayant porté un toast, le Prince a répondu :
« Je remercie monsieur le maire de la ville de Dijon des paroles qu'il m'a adressées et de l'accueil bienveillant que j'ai reçu. Les acclamations dont j'ai été l'objet me le prouvent : le fleuve révolutionnaire tend à rentrer dans son lit, et la population de cette contrée, naguère si agitée, apprécie nos communs efforts pour rétablir l'ordre... »

1864. — Napoléon III fonde, sur sa liste civile, un prix de 100,000 francs, destiné à être distribué tous les cinq ans à l'auteur d'une grande œuvre de sculpture, de peinture ou d'architecture.

1867. — L'Empereur envoie 5,000 francs pour être

distribués aux victimes de la catastrophe de la rue
Sainte-Eulalie à Bordeaux.

13 — 1857. — La médaille de Sainte-Hélène est
décernée aux vieux soldats qui ont fait partie des
armées françaises de 1792 à 1815.

1858. — L'Empereur et l'Impératrice visitent la
ville de Lorient.

1861. — Inauguration du boulevard Malesherbes. —
Le boulevard Malesherbes, dont la création appartient
à ce vaste ensemble de travaux utiles, qui ne sont
pas un des moindres titres du gouvernement impérial
à la reconnaissance publique, a été solennellement
inauguré par Napoléon III. Aux paroles prononcées
par M. Langlois, conseiller d'Etat, l'Empereur, s'a-
dressant au conseil municipal, dit :

« Je vous recommande surtout, dans l'examen de
votre budget, de réduire, autant que les finances le
permettront, les droits qui pèsent sur les matières de
première nécessité. Par là vous acquerrez de nouveaux titres à ma reconnaissance, car si la capitale
d'un grand Empire s'honore par ses monuments, qui
rappellent la gloire des armes et attestent le génie
des sciences et des arts, elle ne s'honore pas moins
par les institutions qui témoignent d'une sollicitude
incessante pour ceux qui souffrent et d'un zèle éclairé
pour les intérêts généraux de cette immense agglomération, véritable cœur de la France, qui bat comme
elle pour sa gloire et sa prospérité. »

14 — 1859. — Napoléon III, à la tête de l'armée
d'Italie, fait solennellement sa rentrée à Paris au milieu des vivats et des plus fiers élans de l'allégresse
générale. Le soir de cette mémorable journée, l'Empereur réunit en un banquet, dans la salle des Etats,
les principaux chefs de l'armée. A la fin de ce repas,
il porta un toast à l'armée, puis il ajouta :

« En commémoration de la campagne d'Italie, je
ferai distribuer une médaille à tous ceux qui y ont
pris part, et je veux que vous soyez aujourd'hui les
premiers à la porter. Qu'elle me rappelle parfois à
votre pensée, et qu'en lisant les noms glorieux qui y
sont gravés, chacun se dise : Si la France a tout fait
pour un peuple ami, que ne ferait-elle pas pour son
indépendance ? »

1860. — Les Français en Chine. — Après plusieurs
combats, le camp retranché de Tong-Kho est enlevé
d'assaut et l'armée chinoise mise en fuite.

1869. — L'Empereur souscrit la somme de 18,000 fr.,
pour la reconstruction de la basilique de Saint-Martin,
à Tours.

1870. — Bataille et victoire de Borny.

15 — 1850. — Le Prince Louis Napoléon à Lyon.
— Répondant au discours du maire, le Prince s'exprima ainsi :

« Je ne suis pas venu dans ces contrées, où l'Empereur, mon oncle, a laissé de si profondes traces,
afin de recueillir seulement des ovations et passer des
revues : le but de mon voyage est, par ma présence,
d'encourager les bons, de ramener les esprits égarés,
de juger par moi-même des sentiments et des besoins
du pays. La tâche que j'ai à accomplir exige votre
concours, et, pour que ce concours me soit complètement acquis, je dois vous dire avec franchise ce que
je suis et ce que je veux. Je suis, non pas le représentant d'un parti, mais le représentant des deux
grandes manifestations nationales qui, en 1804 comme
en 1848, ont voulu sauver, par l'ordre, les grands
principes de la Révolution française. Fier de mon origine et de mon drapeau, je leur resterai fidèle, je serai
tout entier au pays, quelque chose qu'il exige de moi,
abnégation ou persévérance... »

1854. — Prise de Bomarsund (guerre de Crimée).

1867. — Napoléon III adresse à M. le marquis de La
Valette une lettre relative aux chemins vicinaux et
dont voici un extrait :

« Monsieur le ministre, vous savez quelle importance j'attache au prompt achèvement de nos voies
de communication. Je les considère comme l'un des
plus sûrs moyens d'accroître la force et la richesse de
la France, car partout le nombre et le bon état des
chemins sont un des signes les plus certains de l'état
avancé de la civilisation des peuples...

» Je compte sur le zèle éclairé et sur l'énergique
activité que vous avez montrés depuis que je vous ai
placé à la tête du département de l'intérieur, pour
mener rapidement à fin cette enquête administrative,

et pour saisir le Corps législatif, à sa prochaine session, d'un projet de loi qui assure l'exécution de l'œuvre que j'ai à cœur de réaliser. »

1873. — La Saint Napoléon à Chislehurst. — Une affluence d'amis fidèles avaient passé la Manche pour aller donner des larmes au souvenir et des vivats à l'espérance. Ces fidèles s'étaient donné rendez-vous à la petite église Sainte-Marie. Après les cérémonies de la messe, le vénérable abbé Godard a prononcé une allocution de laquelle nous détachons ce qui suit :

« L'Eglise célèbre aujourd'hui le glorieux triomphe de l'Assomption de la sainte Vierge et, pour ceux qui m'écoutent, cette fête religieuse est en même temps une fête nationale. Les Empereurs des Français, par une heureuse et noble inspiration, ont mis ainsi leur fête patronale sous l'invocation de Marie...

» Moi, à qui est échu l'insigne honneur de continuer l'œuvre si bien commencée par le prêtre-martyr de la Madeleine, je demande qu'il me soit permis de rendre hommage, en ce jour de fête française, à la haute, sérieuse et droite intelligence du Prince Impérial, d'applaudir à la foi simple et ferme, à la piété éclairée qui l'animent et de me réjouir de le voir marcher, avec un large sentiment du devoir, dans les voies du Seigneur.

» Pardonnez-moi, monseigneur, ces témoignages que votre modestie froissée voudrait supprimer. Ils sont nécessaires ; ceux qui vous aiment et qui n'ont pas eu mes privilèges accueillent avec bonheur mes confidences...

» Filleul de l'immortel Pie IX, vicaire de Jésus-Christ, vous n'oublierez jamais que sans religion il n'y a ni trône puissant ni peuple prospère... »

Vers deux heures, les Français et les Anglais se réunissent à Camden House. Le Prince Impérial vient remercier en ces termes les amis dévoués qui ont traversé le détroit pour fêter la saint Napoléon :

« Je vous remercie, au nom de l'Impératrice et au mien, d'être venus associer vos prières aux nôtres et de n'avoir pas oublié le chemin que vous avez pieusement parcouru il y a quelques mois ; je remercie aussi les fidèles amis qui nous ont fait parvenir de loin l...

nombreux témoignages de leur affection et de leur dévouement.

» Quant à moi, dans l'exil et près de la tombe de l'Empereur, je médite les enseignements qu'il m'a laissés ; je trouve dans l'héritage paternel le principe de la Souveraineté nationale et le drapeau qui la consacre.

» Ce principe, le fondateur de notre dynastie l'a résumé dans cette parole, à laquelle je serai toujours fidèle : Tout pour le Peuple et par le Peuple. »

16 — 1850. — Le Prince Louis Napoléon assiste à l'inauguration de la Société de secours mutuels et de retraite pour les ouvriers lyonnais. (V. 9 avril.)

1855. — Bataille de la Tchernaïa. — Après les plus grands efforts pour franchir Fedioukins, l'armée russe avait été repoussée des hauteurs dans les gorges de Tracktir. Battue sur tous les points, elle se précipite en désordre sur le pont et dans la rivière qu'elle franchit à travers des gués marécageux, poursuivie par nos baïonnettes et foudroyée par notre artillerie. Le prince Gortschakoff battait en retraite avec une perte de 8,000 hommes tués ou blessés.

1859. — Depuis deux jours, Paris était en fête, et d'un bout de la France à l'autre, ce n'étaient que réjouissances publiques. On fêtait le retour de l'armée d'Italie. Napoléon III voulut encore en ce jour d'allégresse augmenter la joie des Français en décrétant l'amnistie pleine et entière en faveur de tous les individus condamnés pour crimes et délits politiques ou ayant été l'objet de mesures de sûreté générale.

17 — 1858. — L'Empereur et l'Impératrice à Saint-Brieuc. — De Napoléonville, où ils donnèrent une somme de 400,000 francs pour la construction d'une église, l'Empereur et l'Impératrice se rendent à Saint-Brieuc. Ainsi qu'à Quimper, une réception splendide fut faite à Leurs Majestés. Les habitants des campagnes, venus des extrémités du département, se pressaient sur leur passage et faisaient entendre les cris les plus sympathiques. Les souverains étaient littéralement entourés par ce peuple dévoué dont l'enthousiasme s'exaltait jusqu'au délire.

1864. — Napoléon III, retenu à Paris par la visite

du roi d'Espagne, envoie le colonel Reille porter des secours aux victimes du terrible incendie de Limoges. L'Impératrice et le Prince Impérial contribuent pour 20,000 francs aux sommes envoyées par l'Empereur.

18 — 1849. — Le Prince Louis Napoléon adresse une lettre au lieutenant-colonel Edgar Ney relative à l'expédition française à Rome. Le Prince s'exprime ainsi :

« La France n'a pas envoyé une armée à Rome pour y étouffer la liberté italienne, mais, au contraire, pour la régler, en la préservant contre ses propres excès, et pour lui donner une base solide, en remettant sur le trône pontifical le Prince qui, le premier, s'était placé hardiment à la tête de toutes les réformes utiles. J'apprends avec peine que les intentions bienveillantes du Saint-Père, comme notre propre action, restent stériles en présence des passions et d'influences hostiles. On voudrait donner, comme base à la rentrée du Pape, la proscription et la tyrannie... Lorsque nos armées firent le tour de l'Europe, elles laissèrent partout, comme trace de leur passage, la destruction des abus de la féodalité et les germes de la liberté ; il ne sera pas dit qu'en 1849, une armée française ait pu agir dans un autre sens et amener d'autres résultats... »

1861. — L'Empereur accorde une pension de 600 fr., sur sa liste civile, aux sieurs Doussin et Brion, blessés en tirant des salves d'artillerie, à Poitiers.

1858. — L'Empereur et l'Impératrice visitent Saint-Malo.

1868. — L'Empereur envoie 1,000 francs au préfet de la Drôme, pour secourir les familles malheureuses des arrondissements de Nyons et de Die qui ont été dévastés par des orages.

1870. — Bataille de Saint-Privat ou des Carrières de Jaumont.

19 — 1858. — Après avoir visité successivement Quimper, Landernau, Faou, Vannes, Napoléonville et Saint-Brieuc, l'Empereur et l'Impératrice arrivent à Rennes. Plus de soixante mille personnes étaient accourues pour voir l'élu du peuple et son auguste compagne faire leur entrée dans cette ville de Rennes, où, depuis Henri IV, qui la visita en 1598, aucun souverain n'était venu. Les augustes voyageurs furent reçus par M. le comte de Léon, maire de Rennes, qui leur présenta les clés de la ville. Au banquet offert à Leurs Majestés, l'Empereur prononça un discours dans lequel il dit :

« Messieurs, on a voulu souvent représenter les départements de l'Ouest comme animés de sentiments différents de ceux du reste de la nation. Les acclamations chaleureuses qui ont accueilli l'Impératrice et moi dans tout notre voyage, démentent une assertion pareille... Nous n'oublierons pas la touchante sollicitude que nous avons rencontrée pour le Prince Impérial dans les villes et dans les campagnes, partout les populations s'informant de notre fils comme du gage de leur avenir. »

20 — 1853. — Arrivée de l'Empereur et de l'Impératrice à Dieppe. — A leur entrée en ville, Leurs Majestés furent l'objet d'une de ces manifestations vraies du sentiment national qui allait au devant d'elles partout où elles se montraient. Le maire de Dieppe, entouré du conseil municipal, remit à l'Empereur le procès-verbal d'une séance de ce conseil, tenue la veille et dans laquelle il avait été résolu à l'unanimité d'offrir à Sa Majesté, au nom de la ville, l'hôtel communal, en toute et perpétuelle propriété, ainsi que la plage qui s'étend derrière cet hôtel jusqu'à la mer.

1854. — Proclamation de l'Empereur à l'armée d'Orient après la prise de Bomarsund :

« Soldats et marins de l'armée d'Orient,

» ...Vous n'avez pas encore combattu et déjà vous avez lutté avec courage contre la mort. Un fléau redoutable, quoique passager, n'a pas arrêté votre ardeur... Le Premier Consul disait, en 1799, dans une proclamation à son armée : « La première qualité du « soldat est la constance à supporter les fatigues et « les privations ; la valeur n'est que la seconde. » La première, vous la montrez aujourd'hui ; la deuxième, qui pourrait vous la contester ?... Déjà Bomarsund et deux mille prisonniers viennent de tomber en notre pouvoir. Soldats, vous suivrez l'exemple de l'armée d'Egypte ; les vainqueurs des Pyramides et du Mont-

.Thabor avaient, comme vous, à combattre des soldats aguerris et la maladie ; mais, malgré la peste et les efforts de trois armées, ils revinrent honorés dans leur patrie. »

21 — 1860. — Prise du fort de Takou (Chine). — Après une très vive résistance, le fort le plus important de Takou était emporté d'assaut. A la suite de ce brillant succès, tous les autres forts se rendent successivement et une capitulation livre aux alliés (Français et Anglais) tout le pays jusqu'à Tien-Tsin, six cents pièces de canon et une grande quantité d'approvisionnements.

22 — 1864. — Convention internationale signée à Genève, relative aux militaires blessés sur les champs de bataille.

1865. — L'Empereur Napoléon III envoie au préfet des Vosges une somme importante destinée à récompenser les instituteurs qui ont travaillé avec le plus de zèle et de succès à l'ouverture et à la direction des cours d'adultes.

23 — 1857. — Inauguration du canal de Caen à la mer.

1860. — L'Empereur et l'Impératrice à Dijon. — Partis le matin de Paris pour aller visiter les départements récemment annexés (la Savoie et Nice), Napoléon III et l'Impératrice s'arrêtent à Dijon. Ils sont reçus à la gare par le maire, M. Vernier, qui a présenté à l'Empereur les clés de la ville. Les augustes voyageurs firent leur entrée dans la ville au milieu d'un grand concours de populations accourues de tous les points du département.

24 — 1853. — Le contre-amiral Febvrier-Despoints prend solennellement possession, au nom de la France, de la Nouvelle-Calédonie.

1861. — Napoléon III se rend incognito à Plombières pour juger par lui-même de l'exécution des divers travaux qu'il avait ordonnés ; notamment, une magnifique église, dont la munificence de l'Empereur a payé la construction, puis un quartier nouveau bordé de maisons charmantes remplaçant d'anciennes masures malsaines et inhabitables.

1861. — Pose de la première pierre du tribunal civil de Cosne.

1865. — L'Empereur donne trois grandes médailles d'or pour être distribuées aux exposants des trois sections : sériciculture, apiculture et insectes nuisibles.

25 — 1857. — Traité de commerce conclu entre la France et la Russie.

1860. — Inauguration du Palais du Commerce, à Lyon. — De Dijon, l'Empereur et l'Impératrice se rendent à Lyon pour présider à l'inauguration du Palais du Commerce. A l'allocution de M. Brosset, président de la chambre, Napoléon III a répondu :

« Je vous remercie de la manière dont vous appréciez mes efforts pour augmenter la prospérité de la France. Uniquement préoccupé des intérêts généraux, je dédaigne tout ce qui peut porter obstacle à leur développement. Aussi les injustes défiances excitées hors ces frontières, comme les alarmes exagérées des intérêts égoïstes à l'intérieur me trouvent insensible. Rien ne me fera dévier de la voie de modération et de justice que j'ai suivie jusqu'à ce jour et qui maintient la France au degré de grandeur et de prospérité que la Providence lui assigne dans le monde... »

1861. — L'Impératrice pose la première pierre de l'asile Sainte-Eugénie, aux Eaux-Bonnes. Cet établissement est destiné à recevoir les militaires et les malades pauvres auxquels les médecins prescrivent le séjour des eaux.

1869. — L'Impératrice et le Prince Impérial à Lyon. — Après avoir visité l'asile de Longchêne, établissement dû à la munificence impériale, l'Impératrice et son fils se sont rendus à la Croix-Rousse pour inaugurer le boulevard de l'Empereur. La réception faite aux augustes voyageurs par la population ouvrière prit le caractère d'une véritable ovation.

26 — 1867. — L'Empereur et l'Impératrice à Lille. — Après s'être arrêtés un instant à Arras, où une réception brillante leur fut faite, Napoléon III et l'Impératrice se rendent à Lille pour assister aux fêtes anniversaires de la réunion de la Flandre à la France. En recevant Leurs Majestés à la gare, le maire a prononcé un discours auquel l'Empereur a répondu en ces termes :

« Lorsqu'il y a quelques années je vins pour la première fois visiter le département du Nord, tout souriait à mes désirs... L'ordre était rétabli, les passions politiques étaient assoupies, et j'entrevoyais pour notre pays une ère nouvelle de grandeur et de prospérité... Depuis quatorze ans, beaucoup de nos espérances se sont réalisées, de grands progrès se sont accomplis... Aujourd'hui, je ne viens pas seulement fêter un glorieux anniversaire dans la capitale des anciennes Flandres, je viens m'enquérir de vos besoins, affermir la confiance de tous et tâcher d'accroître la prospérité de ce grand département en cherchant les moyens de développer encore davantage l'agriculture, l'industrie et le commerce... »

27 — 1860. — L'Empereur et l'Impératrice sont reçus avec des acclamations unanimes dans la ville de Chambéry.

1869.— L'Impératrice et le Prince Impérial arrivent à Toulon et visitent successivement la crèche, le lycée, le Jardin zoologique et l'Hôtel-Dieu. — Une foule immense s'était portée dans toutes les rues sur le passage de l'Impératrice pour l'acclamer et lui offrir des bouquets. La circulation devenait par instants impossible, tant la foule se pressait pour approcher de plus près de Sa Majesté.

28 — 1850. — Le Prince Louis Napoléon se rendant à Strasbourg, s'arrête à Reims; répondant au maire de cette ville, il dit :

« L'accueil que je reçois à Reims, au terme de mon voyage, vient confirmer ce que j'ai vu par moi-même dans toute la France, et ce dont je n'avais pas douté; notre pays ne veut que l'ordre, la religion et une sage liberté. Partout, j'ai pu m'en convaincre, le nombre des agitateurs est infiniment petit, et le nombre des bons citoyens infiniment grand. Dieu veuille qu'ils ne se divisent pas !... »

1860. — L'Empereur et l'Impératrice visitent les principaux établissements de bienfaisance d'Annecy.

1869. — L'Empereur envoie un riche et bel ostensoir à l'église de Boulages (Aube).

1869. — L'Impératrice pose la première pierre de l'hospice à Bastia (Corse).

29 — 1869. — L'Impératrice et le Prince Impérial arrivent à Ajaccio. Sa Majesté et Son Altesse se rendent à pied pour poser la première pierre de la nouvelle cathédrale; puis ils visitent la maison Bonaparte et la Grotte Napoléon, où le Prince Impérial remet aux médaillés de Sainte-Hélène les brevets de pensions accordés en l'honneur du centenaire de Napoléon Ier, son grand-oncle.

30 — 1861. — De passage à Bordeaux, Napoléon III supprime à ses frais le péage du pont de cette ville.

1867. — L'Empereur et l'Impératrice à Amiens. — En présentant à Leurs Majestés les clés de la ville, le maire leur a adressé quelques paroles auxquelles l'Empereur a répondu :

« Monsieur le maire, je viens avec l'Impératrice de traverser la France de Strasbourg à Dunkerque, et partout l'accueil chaleureux et sympathique que nous avons reçu nous pénètre de la plus vive reconnaissance. Rien, je le constate avec bonheur, n'a pu ébranler la confiance que depuis bientôt vingt ans le peuple français à mise en moi. Il apprécie à sa juste valeur les difficultés que nous avons eues à surmonter... Ces sentiments de confiance et de dévouement, je les retrouve avec plaisir à Amiens, dans ce département de la Somme qui m'a toujours montré un sincère attachement... L'Impératrice est bien touchée de la manière dont vous lui rappelez sa visite de l'année dernière, mais Elle désire comme moi adresser ses remercîments à tous ceux qui, dans les mêmes circonstances, ont fait preuve de tant d'abnégation et d'énergie. Mon fils sera digne de l'affection dont de toutes parts je reçois pour lui le témoignage. Il grandira avec la pensée que tout doit être sacrifié au bonheur de la patrie. »

31 — 1849. — Le Prince Louis Napoléon préside le banquet des exposants de l'industrie. Au toast qui lui fut porté, il répondit :

« Aujourd'hui, c'est par le perfectionnement de l'industrie, par les conquêtes du commerce, qu'il faut lutter avec le monde entier ; et, dans cette lutte, vous m'en avez donné la conviction, nous ne succomberons pas. Mais aussi n'oubliez pas de répandre parmi les ouvriers les saines doctrines de l'économie politique; en leur faisant une juste part dans la rétribution du travail, prouvez-leur que l'intérêt du riche n'est pas opposé à l'intérêt du pauvre. »

1860. — Napoléon III et l'Impératrice à Thonon. — Après s'être arrêtés à Annecy, l'Empereur et l'Impératrice continuent leur voyage et arrivent à Thonon, où les habitants leur font une brillante réception. Sur toute la route étaient dressés des arcs de triomphe avec des inscriptions qui témoignaient, par leur ingénieuse recherche, des sentiments de contentement, de sympathie de tous les habitants des montagnes.

1861. — Consécration de l'église de Marnes (Seine-et-Oise), entièrement construite aux frais de l'Empereur Napoléon III.

SEPTEMBRE

Devant un danger général, toute ambition personnelle doit disparaître; en cela, le patriotisme se reconnaît, comme on reconnut la maternité dans un jugement célèbre... Que les partis qui aiment la France n'oublient pas cette sublime leçon; moi-même, s'il le faut, je m'en souviendrai.

LOUIS NAPOLÉON.

1er — 1854. — Par ordre de l'Empereur Napoléon III, une somme de 100,000 francs est mise à la disposition du ministre de l'agriculture, du commerce et des travaux publics, pour encourager dans les départements la fabrication économique des tuyaux de drainage.

1856. — Expédition en Kabylie.

1860. — Pose de la première pierre du pont Napoléon, à Saint-Sauveur (Hautes-Pyrénées), par M. Fould, ministre d'Etat. — Cette construction gigantesque a été conçue et ordonnée par Napoléon III.

1860. — L'Empereur et l'Impératrice arrivent à Sallanches. Leurs Majestés font leur entrée dans cette ville au milieu d'une foule considérable de montagnards qui sont venus se grouper autour des nombreux arcs de triomphe dressés sur la route. C'est au bruit des détonations et des fanfares, aux cris de : Vive l'Empereur! vive l'Impératrice! vive le Prince Impérial! vive la France! que ces nouveaux concitoyens célèbrent l'arrivée, si impatiemment attendue, de Napoléon III.

1867. — L'Empereur reçoit les sept cents instituteurs communaux délégués par leurs collègues des départetements.

1870. — Désastre de Sedan. — Le maréchal de Mac-Mahon, commandant en chef, est blessé et remplacé par le général Ducrot. Pendant le fort de la bataille, le général Wimpffen, qui arrive de Paris, prend la direction des opérations dont il était chargé par le général Palikao, ministre de la guerre. Mais voyant que la position était désespérée et ses soldats sacrifiés inutilement, l'Empereur fit arborer le drapeau blanc et se constitua prisonnier. (V. 8 février 1871.)

Voici à ce sujet la lettre que Napoléon III adressa depuis aux généraux commandant les corps d'armée à Sedan. Elle est datée de Camden-Place, 12 mai 1872 :

« Général, responsable devant le pays, par les constitutions de l'Empire, je n'accepte de jugement que celui que prononcerait la nation régulièrement constituée. Aussi n'ai-je point à apprécier le rapport de la commission d'enquête sur la capitulation de Sedan ; je me borne à rappeler aux principaux témoins de cette catastrophe la position critique dans laquelle nous nous trouvions.

» L'armée, commandée par le duc de Magenta, a noblement fait son devoir, elle a lutté héroïquement contre un ennemi deux fois plus nombreux ; lorsqu'elle fut repoussée contre les murs de la ville et dans la ville elle-même, 14,000 morts et blessés couvraient le champ de bataille sur lequel je l'ai vue combattre. La position était désespérée.

» L'honneur de l'armée se trouvant sauvegardé par la bravoure qu'elle avait déployée, j'exerçai alors mon droit de Souverain en donnant l'ordre d'arborer le drapeau parlementaire, et je revendique hautement la responsabilité de cet acte. L'immolation de 60,000 hommes ne pouvait sauver la France, le sublime dévouement des chefs et des soldats eût été un sacrifice inutile.

» Nous avons donc obéi à une cruelle, mais inexorable nécessité ; elle a brisé mon cœur, mais laissé ma conscience tranquille. »

2 — 1860. — Arrivée de l'Empereur et de l'Impératrice à Chamonix. — Une réception splendide est faite à Leurs Majestés par la population : la place, toutes les maisons et les hôtels sont brillamment illuminés.

1863. — Un décret consacre une somme annuelle de 100,000 francs à l'acquisition d'un mobilier à fournir aux instituteurs et institutrices primaires dans les communes peu aisées.

1869. — L'Impératrice et le Prince Impérial venant de la Corse arrivent à Chambéry.

3 — 1850. — Le Prince Louis Napoléon se rendant à Cherbourg, s'arrête à Evreux ; répondant aux félicitations de l'évêque de cette ville, il dit :

« Mon but, dans ces voyages, est de connaître les populations, de me mettre en communication directe avec leurs véritables interprètes, et aussi de me pénétrer de leurs vœux comme de leurs intérêts.

» La religion et la famille sont, avec l'autorité et l'ordre, les bases de toute société durable. Le but constant de tous nos efforts est d'affermir ces éléments essentiels du bonheur et de la prospérité du pays. »

1860. — Bonneville a voulu aussi célébrer l'arrivée de l'Empereur et de l'Impératrice, et c'est au bruit des détonations et au milieu de l'affluence des populations qui se sont portées sur leur passage que Leurs Majestés font leur entrée dans cette sous-préfecture du département de la Haute-Savoie. En passant à Cluses, les augustes voyageurs se sont arrêtés à l'école d'horlogerie et l'ont visitée dans le plus grand détail, témoignant ainsi de l'intérêt industriel qu'ils attachent à la prospérité de cet établissement.

4 — 1854. — Embarquement de l'armée française pour la guerre de Crimée.

1861. — Distribution de livrets de patronage aux

enfants sourds-muets ou aveugles placés sous la protection de S. M. l'Impératrice : cent cinquante-quatre enfants ont reçu des livrets de 100 à 20 francs offerts par Sa Majesté.

1862. — Quinze cents ouvriers typographes de Paris adressent à l'Empereur une lettre de remercîments respectueux pour la haute protection qu'il a bien voulu leur accorder en faveur de quelques-uns de leurs camarades condamnés pour délit de coalition.

1866. — L'Empereur Napoléon III adresse une lettre au maire de Saint-Cloud, pour lui faire savoir qu'à partir du 1er mars 1867, il lui fera remettre, tous les mois, 27,516 francs, allocation qui, continuée pendant dix mois, remboursera toutes les dettes de la commune, qui se montent à 275,160 francs.

1870. — Triste et sombre journée pour les cœurs vraiment français... Triste et sombre journée pour ceux qui ont profité de nos malheurs pour se substituer au gouvernement acclamé par la nation. Ainsi que l'on cloue dans les campagnes à la porte des granges les oiseaux malfaisants, nous voudrions clouer ici les noms de ceux qui se sont mis à la tête d'une révolution inique et unique dans l'histoire des peuples ; nous n'en avons point le courage, les forces nous abandonnent. Quelques-uns sont morts et oubliés, peut-être maudits ; d'autres survivent et occupent sans doute des places d'honneur, mais un cruel châtiment les attend... Notre plume se refuse à aller plus loin. Nous nous arrêtons.

Informée de ce qui se passait dans Paris, l'Impératrice fit appeler le général commandant les Tuileries et lui demanda s'il fallait employer la force pour rétablir l'ordre.

— Il n'y a pas d'autre moyen, lui répondit-il.

— Alors tout est fini, dit Sa Majesté. Il ne faut pas ajouter à nos désastres l'horreur de la guerre civile.

Après une courte visite à la chapelle des Tuileries, l'Impératrice quitta son palais vers midi pour prendre le chemin de l'exil. (V. 8 février 1871.)

5 — 1855. — Commencement du bombardement de la tour Malakoff.

1869. — L'Empereur Napoléon III décide qu'une subj

vention de 400,000 francs sera affectée au paiement de la dette et aux frais de construction et d'organisation de l'asile public d'aliénés de Bossens. Par un autre décret, une somme de 300,000 francs est affectée à alléger les charges financières des communes du département de la Savoie dont les budgets sont les plus obérés.

6 — 1852. — Le ministre des finances rembourse la Banque de France du prêt de 50 millions que cette institution avait fait au Trésor en 1848.

1857. — Napoléon III envoie au lord-maire de Londres une somme de 25,000 francs pour être versée à la souscription en faveur des officiers et soldats anglais si cruellement éprouvés dans les Indes.

1857. — M. Baroche, président du conseil d'Etat, inaugure au nom de l'Empereur la section du chemin de fer de Niort à La Rochelle.

1860. — Inauguration, à Bétharram, près Saint-Sauveur (Hautes-Pyrénées), des orgues offertes par l'Empereur Napoléon III. Voici leur histoire :

Le dimanche 11 septembre 1859, les vêpres venaient de terminer à la chapelle de Bétharram, et les prêtres avaient regagné leurs cellules. Peu de temps après, Napoléon III et son auguste compagne entraient dans la chapelle.

— L'Empereur est à Bétharram! s'écrie-t-on de tous côtés.

On accourt. L'Empereur et l'Impératrice étaient, en effet, venus visiter cette chapelle, qui est un lieu de pèlerinage vénéré par la dévotion des fidèles et dédié à la Sainte Vierge.

L'un des prêtres s'avance vers Leurs Majestés pour leur offrir un *Salut*, en exprimant le regret qu'à leurs voix ne puissent pas se joindre d'autres accents plus harmonieux.

— Mais n'avez-vous pas un orgue, dit l'Empereur.

— Sire, répond le prêtre, nous ne possédons qu'un débris ; le buffet a survécu, mais 93 dévora le reste.

— C'est bien, vous aurez un orgue, ajouta laconiquement l'Empereur.

On le voit, l'action suivit la parole.

7 — 1860. — Napoléon III et l'Impératrice arrivent

à Avignon où une réception splendide leur est faite par la population.

8 — 1849. — Le Prince Louis Napoléon inaugure la première section du chemin de fer de Lyon.

1849. — Décret portant constitution définitive de l'hospice des orphelines de la marine à Rochefort.

1855. — Prise de Sébastopol. — L'assaut est donné contre Sébastopol sur quatre points. Les divisions de La Motterouge et Mac-Mahon s'emparent de la tour Malakoff et s'y maintiennent par des prodiges de valeur. Les Russes battent en retraite, voyant la ville perdue. Dans la nuit, ils évacuent Sébastopol, qui tombe au pouvoir de nos armées victorieuses.

1860. — L'Empereur et l'Impératrice arrivent à Marseille. L'enthousiasme avec lequel Leurs Majestés ont été reçues est indescriptible. L'Empereur, ému et reconnaissant d'un accueil aussi chaleureux, s'est levé à plusieurs reprises dans sa voiture pour saluer et remercier la population, qui se pressait sur ses pas.

9 — 1852. — Générosité de Louis Napoléon. — La location des chaises du jardin des Tuileries étant un des revenus du palais, Louis Napoléon décide qu'une somme de 20,000 francs, qui équivaut environ à ce produit, sera affectée à fonder une caisse de retraite et de secours mutuels pour les employés et ouvriers des manufactures des Gobelins, de Sèvres, etc. Par les mêmes motifs et dans la même pensée, le Prince met à la disposition du maire de Versailles une somme annuelle de 15,000 francs.

1856. — Informé des désastres causés en Algérie par les tremblements de terre, l'Empereur envoie des secours aux populations victimes du fléau.

10 — 1856. — L'Empereur donne 30,000 francs à la commune d'Anglet, près Biarritz, pour l'ensemencement des dunes dans cette localité trop pauvre pour y subvenir.

1862. — Le Prince Impérial se promenait sur la grande route qui traverse le camp de Châlons. En passant devant le quartier du 65e, il fut reconnu par quelques soldats qui l'acclamèrent au cri de : Vive le Prince Impérial! Au même instant quelques-uns de leurs camarades, qui se tenaient à là fenêtre dé la salle de police, répétèrent le même cri. Le Prince se retourna, et, apercevant ces pauvres-soldats qui le regardaient à travers les barreaux, alla trouver l'officier qui commandait le poste.

— Capitaine, lui dit-il, les fautes de ces pauvres prisonniers sont-elles bien graves ?

— Quelques manquements à la discipline, répondit-il en s'inclinant devant le fils de Napoléon III.

— En ce cas, reprit en souriant le Prince, mon pouvoir doit être assez grand déjà pour leur faire grâce. Ma présence ne saurait être pour eux que le signal de la liberté.

Et sur son ordre, les captifs vinrent, avec de nouveaux cris d'enthousiasme, remercier leur libérateur.

1860. — A l'occasion de l'inauguration de là nouvelle Bourse de Marseille, les notabilités commerciales de cette ville offrent un banquet à l'Empereur. Au toast porté par le président de la chambre de commerce, M. Pastré, Sa Majesté a répondu :

« Messieurs, le banquet offert par la chambre de commerce me procure l'heureuse occasion de remercier publiquement la ville de Marseille de l'accueil chaleureux qu'elle a fait à l'Impératrice et à moi. Les démonstrations si unanimes d'attachement que nous avons reçues depuis notre voyage me touchent profondément, mais ne sauraient m'enorgueillir, car mon seul mérite a été d'avoir une foi entière dans la protection divine comme dans le patriotisme et le bon sens du peuple français...

» Si quelques murmures envieux viennent de loin frapper nos oreilles, ne nous en inquiétons pas; ils se briseront contre notre indifférence, comme les vagues de l'Océan expirent sur nos côtes...

» Dans l'avenir de prospérité et de grandeur que je rêve pour la France, Marseille tient naturellement une large place par son énergie et l'intelligence de ses habitants, comme par sa position géographique. A proximité du port militaire de Toulon, elle me semble représenter sur ces rives le génie de la France tenant d'une main l'olivier, mais sentant son glaive à son côté. »

11 — 1854. — Loi qui ouvre un crédit relatif aux lignes télégraphiques.

1860. — Combat de Tiuly (Maroc).

12 — 1858. — L'Empereur visite les marais d'Orx, situés au milieu des Landes.

1864. — Le prix de 50,000 francs, institué par l'Empereur Napoléon III, en 1852, en faveur de l'auteur des applications les plus utiles de la pile Volta, est adjugé à M. Rumhkorff. Une nouvelle période de cinq ans est ouverte.

13 — 1854. — Débarquement des troupes françaises en Crimée. — Une commission militaire, composée des généraux Canrobert, Thiry, Bizet et Martimprey, avait choisi la plage du Vieux-Fort, entre Eupatoria et Sébastopol, comme lieu de débarquement. Le général Canrobert aborde le premier, puis viennent les zouaves et la première division. En même temps, une fausse démonstration avait lieu du côté de Sébastopol pour occuper les Russes, et la ville d'Eupatoria était occupée par un fort détachement.

1855. — L'Empereur assiste au *Te Deum*, chanté à Notre-Dame en l'honneur de la prise de Sébastopol. Répondant aux paroles que lui adressait l'archevêque de Paris, Sa Majesté dit :

« Je viens ici, monseigneur, remercier le Ciel du triomphe qu'il a accordé à nos armes, car je me plais à reconnaître que, malgré l'habileté des généraux et le courage des soldats, rien ne peut réussir sans la protection de la Providence. »

1860. — Arrivée de l'Empereur et de l'Impératrice à Ajaccio, berceau de la dynastie napoléonienne, dont la fidélité a survécu sans défaillance et sans tache aux malheurs des temps.

1870. — Lettre de l'Impératrice à l'Empereur de Russie, datée d'Hastings (Angleterre), 13 septembre 1870. Cette lettre démontre combien étaient fausses les nouvelles répandues à profusion par les hommes du 4 septembre sur les intentions de l'Empereur et de l'Impératrice :

« Sire, éloignée de ma patrie, j'écris aujourd'hui à Votre Majesté. Il y a quelques jours à peine, quand les destinées de la France étaient encore entre les mains du pouvoir constitué par l'Empereur, si j'avais fait la même démarche, j'aurais paru peut-être, aux yeux de Votre Majesté et à ceux de la France, douter des forces vives de mon pays. Les derniers évènements me rendent ma liberté, et je puis m'adresser au cœur de Votre Majesté. Si j'ai bien compris les rapports adressés par notre ambassadeur le général Fleury, Votre Majesté écartait *à priori* l'idée éventuelle du démembrement de la France.

« Sire, le sort nous a été contraire; l'Empereur est prisonnier et calomnié. Un autre gouvernement a entrepris la tâche que nous regardions comme notre devoir de remplir. Je viens supplier Votre Majesté d'user de son influence, afin qu'une paix honorable et durable puisse se conclure, quand le moment sera venu. Que la France trouve chez Votre Majesté, quel que soit son gouvernement, les mêmes sentiments qu'Elle nous avait montrés dans ces dures épreuves, telle est la prière que je lui adresse. Je prie donc Votre Majesté de tenir secrète cette démarche, que son généreux esprit comprendra sans doute et que m'inspire le souvenir du séjour de Votre Majesté à Paris. »

14 — 1852. — Le Prince Louis Napoléon part pour visiter les populations du centre et du midi de la France.

1867. — L'Empereur Napoléon III fait don d'une chaloupe à vapeur, munie de son armement, au capitaine Charles Girard, pour lui faciliter une nouvelle excursion sur les rives du Niger.

15 — 1851. — Le Prince Louis Napoléon pose la première pierre des Halles Centrales. A cette occasion, il prononça une allocution dans laquelle on remarque les passages suivants:

« Voici quarante ans que l'on songe à élever un vaste monument destiné à préserver de l'intempérie des saisons cette classe nombreuse qui souffre journellement pour alimenter Paris de ce qui est nécessaire à son existence. Mais, grâce à la direction éclairée du ministre de l'intérieur, grâce au concours énergique du conseil municipal de Paris et de son digne chef, cette œuvre que j'ai tant souhaitée s'accomplit enfin. En posant la première pierre d'un édifice dont la destination est si éminemment populaire, je me livre avec confiance à l'espoir qu'avec l'appui des bons citoyens et avec la protection du ciel, il nous sera donné de jeter dans le sol de la France quelques fondations sur lesquelles s'élèvera un édifice social assez solide pour offrir un abri contre la violence et la mobilité des passions humaines. »

1861. — L'Empereur envoie au préfet des Hautes-Pyrénées une somme de 18,000 francs, pour solder les travaux de la chapelle Saint-Sauveur.

1862. — La Société établie à Paris sous le nom de Société du Prince Impérial et ayant pour but de faire des prêts aux ouvriers est déclarée d'utilité publique. (V. 26 avril.)

1864. — Traité entre la France et l'Italie qui établit l'indépendance du Saint-Siège.

1866. — Apprenant que le sieur Tétard, père de neuf enfants, garde ligne à Chagny (Saône-et-Loire), venait d'être tué, l'Impératrice fait remettre aussitôt à sa veuve une somme de 500 francs.

16 — 1852. — Le Prince Louis Napoléon arrive à Moulins, où il est reçu au cri de : Vive l'Empereur !

1857. — Napoléon III inaugure le chemin qui relie le camp de Châlons au chemin de fer de l'Est.

17 — 1848. — Le Prince Louis Napoléon est nommé représentant du peuple par cinq départements : la Charente-Inférieure, la Corse, la Moselle, l'Yonne et la Seine, qui lui donna 110,752 voix,

1852. — Le Prince Louis Napoléon visite Roanne.

18 — 1852. — Arrivée du Prince Louis Napoléon à Saint-Etienne. Sur la porte de la ville, on lit cette devise : *Ave Cæsar Imperator*.

1860. — Napoléon III assiste au banquet qui lui est offert par la ville d'Alger. A cette occasion, il prononça une allocution dans laquelle on remarque le passage suivant :

« ...Le dieu des armées n'envoie aux peuples le fléau de la guerre que comme châtiment ou comme rédemption. Dans nos mains, la conquête ne peut être qu'une rédemption, et notre premier devoir est de nous occuper du bonheur de trois millions d'Arabes que le sort des armes a fait passer sous notre domination. La Providence nous a appelés à répandre sur cette terre les bienfaits de la civilisation. Or, qu'est-ce que la civilisation ? C'est de compter le bien-être pour quelque chose, la vie de l'homme pour beaucoup, son perfectionnement moral pour le plus grand bien. »

19 — 1852. — Le Prince Louis Nopoléon arrive à Lyon et assiste aux régates sur la Saône. Il est reçu par les populations aux cris de : Vive Napoléon ! Vive l'Empereur !

20 — 1852. — Le Prince Louis Napoléon inaugure la statue équestre de Napoléon Ier, à Lyon. Dans son discours, il dit :

« L'Empereur fut le médiateur entre deux siècles ennemis ; il tua l'ancien régime en rétablissant tout ce que ce régime avait de bon ; il tua l'esprit révolutionnaire en faisant triompher partout les bienfaits de la révolution : voilà pourquoi ceux qui l'on renversé eurent bientôt à déplorer leur triomphe. Quant à ceux qui l'ont défendu, ai-je besoin de rappeler combien ils ont pleuré sa chute ? Aussi, dès que le peuple s'est vu libre de son choix, il a jeté les yeux sur l'héritier de Napoléon, et, par la même raison, depuis Paris jusqu'à Lyon, sur tous les points de mon passage s'est élevé le cri unanime de : Vive l'Empereur ! Mais ce cri est bien plus, à mes yeux, un souvenir qui touche mon cœur, qu'un espoir qui flatte mon orgueil... »

1854. — Bataille de l'Alma. — Après un combat qui dura trois heures, les Russes sont repoussés de leurs positions et se retirent sur Sébastopol.

21 — 1860. — Bataille de Palikao (Chine).

1861. — Napoléon III accorde, sur sa cassette, une pension de 1,200 francs à la veuve du docteur Chaillon de Montoir, mort victime des soins qu'il a donnés aux malades atteints de l'épidémie qui s'était manifestée à Saint-Nazaire.

22 — 1853. — L'Empereur et l'Impératrice quittent Saint-Cloud pour aller visiter Arras, Douai, Valenciennes, Lille, Roubaix, Tourcoing, Saint-Omer, Dunkerque, Calais, Boulogne, Abbeville et Amiens.

1855. — Décret impérial qui ouvre un crédit de 10 millions pour subvention aux travaux d'utilité communale et aux distributions de secours par les bureaux de bienfaisance.

23 — 1856. — Un crédit supplémentaire de 87,000 francs est ouvert par décret pour complément de subvention aux établissements de bienfaisance.

24 — 1854. — Napoléon III, se trouvant à Boulogne, apprend qu'un violent incendie s'est déclaré au théâtre de la ville. Il se rend immédiatement sur le lieu du sinistre et ne se retire que lorsque le feu n'offre plus de danger pour les maisons environnantes.

1857. — Entrevue des deux empereurs Napoléon III et Alexandre II, à Stuttgard.

1863. — Napoléon III visite, à Tarbes, les principales usines où se travaillent les marbres des Pyrénées.

1869. — L'Impératrice répartit une somme de 71,000 francs entre les Sociétés de charité maternelle placées sous sa protection.

25 — 1852. — Décrets accordant pour la reconstruction de la cathédrale de Marseille 2,500,000 fr., et pour l'agrandissement de la cathédrale de Moulins 1,500,000 fr.

1853. — Napoléon III fait don à l'hospice civil d'Avignon des bâtiments de la succursale des Invalides.

1854. — L'Impératrice part pour Boulogne rejoindre l'Empereur.

1864. — Inauguration, à Molsheim (Bas-Rhin), des premiers chemins de fer vicinaux essayés en France

26 — 1852. — Le Prince Louis Napoléon pose la première pierre de la cathédrale de Marseille, et profite de cette circonstance pour prendre la parole :

« Je suis heureux, dit-il, que cette occasion particulière me permette de laisser dans cette grande ville une trace de mon passage, et que la pose de la première pierre de la cathédrale soit l'un des souvenirs qui se rattache à ma présence parmi vous. Partout, en effet, où je puis, je m'efforce de soutenir et de propager les idées religieuses, les plus sublimes de toutes, puisqu'elles guident dans la fortune et consolent dans l'adversité. Mon gouvernement, je le dis avec orgueil, est un des seuls qui aient soutenu la religion pour elle-même ; il la soutient, non comme instrument politique, non pour plaire à un parti, mais uniquement par conviction et par amour du bien qu'elle inspire, comme des vérités qu'elle enseigne. »

1854. — L'Empereur et l'Impératrice visitent le port et la ville de Calais.

1854. — Le maréchal Saint-Arnaud remet le commandement au général Canrobert (guerre de Crimée).

27 — 1863. — Napoléon III visite le château et la ville de Pau, et s'informe minutieusement des travaux que l'un et l'autre réclament. Sa Majesté étudie sur les lieux toutes les questions qui intéressent le département des Hautes-Pyrénées.

1865. — Convention littéraire entre la France et le grand-duché de Mecklembourg-Strélitz.

1866. — L'Impératrice fait don d'un nouveau canot de sauvetage à la Société centrale de Sauvetage des Naufragés.

1867. — L'Impératrice et le Prince Impérial assistent à la distribution des prix de la Société de Protection des Apprentis et des Enfants employés dans les manufactures.

28 — 1852. — Inauguration, à Calais, du télégraphe sous-marin qui relie la France à l'Angleterre.

1866. — L'Empereur, l'Impératrice et le Prince Impérial font remettre au ministre de l'intérieur une somme de 35,000 francs pour secourir les victimes des inondations.

29 — 1855. — Combat d'Eupatoria dans lequel la cavalerie du général d'Ablonville défait celle du général Korf et s'empare de six canons.

1859. — M. le duc de Padoue, ministre de l'intérieur, inaugure, au nom de l'Empereur, l'asile des convalescents du Vésinet, près Paris.

30 — 1854. — Napoléon III passe en revue les

troupes du camp de Boulogne-sur-Mer et prononce une allocution dans laquelle il dit :

« Soldats ! Je vous quitte, mais pour revenir bientôt juger par moi-même de vos progrès et de votre persévérance... La création du camp du Nord, vous le savez, a eu pour but de rapprocher nos troupes du littoral, afin qu'unies plus promptement à celles de l'Angleterre, elles se portent partout où l'honneur des deux nations en ferait un devoir... Ce sol classique que vous foulez aux pieds a déjà formé des héros ; cette colonne, élevée par nos pères, rappelle de bien grands souvenirs, et la statue qui la surmonte semble, par un hasard providentiel, indiquer la route à suivre. Voyez cette statue de l'Empereur : elle s'appuie sur l'Occident et menace l'Orient. De là, en effet, le danger pour la civilisation moderne ; de notre côté le rempart pour la défendre. »

1866. — L'Empereur s'inscrit en tête de la souscription, en faveur des inondés, pour une somme de 100,000 francs, l'Impératrice 25,000 et le Prince Impérial 10,000.

OCTOBRE

Un gouvernement qui s'appuie sur la volonté des masses n'est esclave d'aucun parti.

NAPOLÉON III.

1er — 1852. — Le Prince Louis Napoléon, en apprenant les désastres causés par le débordement du Rhin, fait envoyer une somme de 10,000 francs pour être répartie entre les victimes.

1859. — Un arrêté de l'Impératrice Eugénie règle les heures de récréation et de travail des enfants des salles d'asile.

2 — 1853. — L'Empereur Napoléon III, qui sait honorer toutes les gloires nationales, ordonne qu'il sera représenté aux funérailles de François Arago.

1856. — Distribution, au nom de l'Empereur des lots de terrain aux colons du village de Rivet, en Algérie.

1869. — L'Impératrice Eugénie se rendant à Venise s'arrête un instant à Magenta pour visiter le monument élevé à la mémoire de nos braves soldats.

3 — 1854. — Napoléon III adresse une lettre au ministre de l'intérieur pour lui faire connaître qu'on venait de lui communiquer une lettre de Barbès qui faisait des vœux pour le succès de nos armes en Crimée:

« Un prisonnier qui conserve, malgré ses longues souffrances, écrit l'Empereur, de si patriotiques sentiments, ne peut pas, sous mon règne, rester en prison. Faites-le donc mettre en liberté sur-le-champ et sans conditions. »

4 — 1852. — Le Prince Louis Napoléon arrive à Toulouse où il est reçu par la population avec un enthousiasme indescriptible. L'aspect de la ville est tout à fait féerique.

1866. — Par ordre de Napoléon III, les généraux Waubert de Genlis et Favé, vont examiner les désastres causés par les inondations et distribuer au nom de l'Empereur des secours aux habitants.

5 — 1863. — Napoléon III, accompagné du Prince Impérial, visite dans les Landes le domaine qu'il y a créé et au centre duquel il a fait construire un village qui s'appelle Solférino. Ce village possède une église, un presbytère, une mairie et deux écoles communales. Il existe, en outre, à Solférino une usine pour la distillation des résines, une scierie à vapeur et un four à carboniser le bois.

1863. — L'Empereur se rend à Arcachon et visite les travaux d'embellissement dus à l'initiative de M. Emile Pereire.

6 — 1860. — L'Empereur honore de sa présence l'inauguration du Jardin Zoologique fondé par la Société impériale d'acclimatation du Bois de Boulogne. Au discours qu'a prononcé M. Isidore Geoffroy-Saint-Hilaire, Napoléon III a répondu qu'il était heureux de voir l'entreprise aussi avancée, et que les hommes éminents qui la dirigeaient étaient un sûr garant de son succès.

7 — 1856. — L'Empereur reçoit à Saint-Cloud une députation d'ouvriers de Paris à propos de la cherté des loyers. Sa Majesté l'a accueillie et écoutée avec l'intérêt que lui a toujours inspiré les souffrances du peuple.

1861. — Un crédit de deux millions est ouvert aux préfets, afin de donner une impulsion immédiate aux travaux de vicinalité.

8 — 1857. — A l'occasion de la levée du camp de Châlons, Napoléon III adresse aux troupes l'ordre du jour suivant :

« Soldats ! lorsque le général Bonaparte eût conclu la paix glorieuse du traité de Campo-Formio, il se hâta de remettre les vainqueurs de l'Italie à l'Ecole de peloton et de bataillon, montrant ainsi combien il croyait utile, même pour de vieux soldats, de revenir sans cesse aux règles fondamentales de la théorie. Cet enseignement n'a pas été oublié ! A peine de retour d'une glorieuse campagne, vous vous êtes remis avec zèle à l'étude pratique des évolutions, et vous avez inauguré le camp de Châlons, qui va servir pour toute l'armée de grande école de manœuvre.

9 — 1852. — Le Prince Louis Napoléon à Bordeaux. — Dans le discours que le Prince prononça au banquet qui lui était offert par le commerce de Bordeaux, on remarque le passage suivant :

«... Je le dis avec une franchise aussi éloignée de l'orgueil que d'une fausse modestie, jamais peuple n'a témoigné d'une manière plus directe, plus spontanée, plus unanime, la volonté de s'affranchir des préoccupations de l'avenir, en consolidant dans la même main un pouvoir qui lui est sympathique. C'est qu'il connaît, à cette heure, et les trompeuses espérances dont on le berçait et les dangers dont il était menacé. Il sait qu'en 1852, la société courait à sa perte, parce que chaque parti se consolait d'avance du naufrage général par l'espoir de planter son drapeau sur les débris qui pourraient surnager. Il me sait gré d'avoir sauvé le vaisseau en arborant seulement le drapeau de la France. Désabusé d'absurdes théories, le peuple a acquis la conviction que les réformateurs prétendus n'étaient que des rêveurs ; car il y avait toujours inconséquence disproportion entre leurs moyens et les résultats promis.

» Aujourd'hui la France m'entoure de ses sympathies; parce que je ne suis pas de la famille des idéologues. Pour faire le bien du pays, il n'est pas besoin d'appliquer de nouveaux systèmes; mais de donner, avant tout confiance dans le présent, sécurité dans l'avenir. Voilà pourquoi la France semble vouloir revenir à l'Empire.

» Il est néanmoins une crainte à laquelle je dois répondre. Par esprit de défiance, certaines personnes se disent : l'Empire c'est la guerre. Moi je dis : l'Empire, c'est la paix.

» C'est la paix, car la France la désire, et lorsque la France est satisfaite, le monde est tranquille...

» J'en conviens, cependant, j'ai, comme l'Empereur, bien des conquêtes à faire. Je veux, comme lui, conquérir à la conciliation les partis dissidents et ramener dans le courant du grand fleuve populaire les dérivations hostiles qui vont se perdre sans profit pour personne. Je veux conquérir à la religion, à la morale, à l'aisance cette partie encore si nombreuse de la population qui, au milieu d'un pays de foi et de croyance, connaît à peine les préceptes du Christ; qui, au sein de la terre la plus fertile du monde, peut à peine jouir de ses produits de première néccessité.

» Nous avons d'immenses territoires incultes à défricher, des routes à ouvrir, des ports à creuser, des rivières à rendre navigables, des canaux à terminer, notre réseau de chemins de fer à compléter. Nous avons, en face de Marseille un vaste royaume à assimiler à la France. Nous avons tous nos grands ports de l'Ouest à rapprocher du continent américain par la rapidité de ces communications qui nous manquent encore. Nous avons partout, enfin, des ruines à relever, de faux dieux à abattre, des vérités à faire triompher.

» Voilà comment je comprendrais l'Empire, si l'Empire doit se rétablir. Telles sont les conquêtes que je médite.

1858. — Un traité de paix, d'amitié et de commerce est conclu à Yeddo par M. le baron Gros au nom de l'Empereur et par six négociants japonais au nom de leur souverain.

1866. — Par ordre de Napoléon III, le général de Failly va porter des secours aux victimes des inondations.

10 — 1858. — Après la levée du camp de Châlons, l'Empereur voulut revoir l'antique ville de Reims, qu'il avait déjà visitée en 1850. Il s'y rendit avec l'Impératrice le 10 octobre 1858. Une réception splendide fut faite à Leurs Majestés. Toutes les maisons étaient tendues d'étoffes de laine aux couleurs tranchées, qui donnaient à la ville entière un aspect étrange et charmant.

1866. — Napoléon III se rend aux Halles Centrales pour visiter les travaux d'achèvement, puis il se dirige vers la rue Lafayette, où il examine le percement du nouveau boulevard.

11 — 1854. — Napoléon III décide que les funérailles du maréchal Saint-Arnaud seront faites aux frais du Trésor public.

1859. — L'Empereur visite l'exposition de Bordeaux et distribue des récompenses.

12 — 1854. — L'Empereur et l'Impératrice se rendent à Amiens pour inaugurer, dans la cathédrale, la chapelle de Sainte-Théodosie, que l'Impératrice a fait décorer à ses frais.

13 — 1860. — Occupation de Pékin par les troupes françaises et anglaises.

1869. — Arrivée de l'Impératrice Eugénie à Constantinople.

14 — 1863. — A cause de la mort de M. Billault, ministre d'Etat, l'Empereur n'assiste pas à l'ouverture du théâtre Italien, comme il en avait l'intention.

15 — 1852. — Après avoir pris congé des autorités de Bordeaux, le Prince Louis Napoléon reprend la route de Paris; il visite successivement Angoulême, Rochefort, La Rochelle, Poitiers et Tours. De cette dernière ville, le Prince s'arrête au château d'Amboise et se fait présenter Ab-el-Kader qui y était enfermé :

« Ab-el-Kader, lui dit-il, je viens vous annoncer votre mise en liberté... Depuis longtemps, vous le savez, votre captivité me causait une peine véritable, car elle me rappelait sans cesse que le gouvernement qui m'a précédé n'avait pas tenu les engagements pris envers un ennemi malheureux, et rien à mes yeux de plus humiliant pour le gouvernement d'une grande nation, que de méconnaître sa force au point de manquer à sa promesse. »

1862. — M. Drouyn de Lhuys est nommé ministre des affaires étrangères.

16 — 1852. —Rentrée du Prince Louis Napoléon à Paris, qui répond ainsi aux vœux exprimés par le préfet de la Seine, pour le rétablissement de l'Empire :

«... Je suis d'autant plus heureux des vœux que vous m'exprimez au nom de la Ville de Paris, que les acclamations qui me reçoivent ici sont la continuation de celles dont j'ai été l'objet pendant mon voyage Si la France veut l'Empire, c'est qu'elle pense que cette forme de gouvernement garantit mieux sa grandeur et son avenir. Quant à moi, sous quel titre qu'il me soit donné que de la servir, je lui consacrerai tout ce que j'ai de force, tout ce que j'ai de dévouement. »

1853. — Napoléon III institue pour cinq ans, sur sa cassette, un prix annuel de 20,000 frans comme encouragement à la culture du coton en Algérie.

17 — 1861. — Un crédit de deux millions est ouvert aux préfets, afin de donner une impulsion immédiate aux travaux de vicinalité.

1863. — L'Empereur accorde sur sa cassette un secours de 2,000 francs pour aider à construire une école à Gomez-le-Châtel-Saint-Clair (Seine-et-Oise).

18 — 1858. — La maison Eugène-Napoléon, fondée par l'Impératrice Eugénie dans le faubourg Saint-Antoine, en faveur des jeunes filles pauvres, est reconnue comme établissement d'utilité publique.

1863. — Arrivée de l'Impératrice Eugénie à Madrid. Sa majesté est reçue par le roi et la reine d'Espagne.

19 — 1860. — La machine de Marly ayant été

construite aux frais de la liste civile, et munie d'appareils plus puissants, Napoléon III ordonne que la commune de Marnes reçoive une commission d'eau de Seine.

20 — 1865. — Napoléon III, accompagné de son aide de camp, le général Reille, se rend à l'improviste à l'Hôtel-Dieu pour visiter les malades atteints du choléra. L'Empereur a parcouru toutes les salles et s'est entretenu avec tous les cholériques. Pendant ce temps, la place de Notre-Dame s'était remplie d'une foule énorme qui, par ses acclamations, voulut remercier le souverain de sa sollicitude constante pour tous ceux qui souffrent.

21 — 1861. — Entrée à Paris du 101ᵉ et 102ᵉ régiments de ligne venant de l'expédition de Chine

1865. — Inauguration du service des paquebots de l'Indo-Chine, à Marseille.

22 — 1869. — Informé qu'un incendie venait de détruire le village d'Autras, Napoléon III s'empresse d'envoyer au préfet de l'Ariége une somme importante pour être distribuée aux victimes de ce désastre. Une somme de mille francs est également envoyée par Sa Majesté aux incendiés de la commune de Rembercourt (Meuse).

23 — 1856. — Lettre de Napoléon III au maréchal Vaillant : « Les services les plus utiles, dit l'Empereur, ne sont pas toujours les plus éclatants. Le ministre habile et infatigable qui, jour et nuit, s'occupe, dans son cabinet, d'organiser 600,000 hommes, et d'assurer à une armée de 200,000 tout ce qui lui donnera les moyens de vivre, de combattre, de vaincre sur une terre sans ressources, à huit cents lieues de la France ; ce ministre, dis-je, a un mérite au moins égal à celui du général qui triomphe sur le champ de bataille. Aussi la patrie doit-elle confondre dans sa reconnaissance celui qui prépare la victoire par les éléments réunis à temps et celui qui la remporte par des mesures bien prises sur les lieux mêmes. »

1865. — L'Impératrice consacre toute sa journée à visiter les malades atteints du choléra. Elle se rend successivement à l'hôpital Beaujon, à l'hôpital de Lariboisière, et enfin à l'hôpital Saint-Antoine. Au sortir de chacun des trois hôpitaux, une foule nombreuse acclame l'Impératrice, et exprime, par les témoignages les plus chaleureux, l'émotion que lui inspirait le dévouement de Sa Majesté.

24 — 1865. — L'Empereur Napoléon III donne 25,000 francs, l'Impératrice 15,000 et le Prince Impérial 10,000, pour être distribués aux familles des victimes du choléra, à Paris.

25 — 1854. — Bataille de Balaclava — La première grande opération des Russes contre les alliés fut une diversion sur Balaclava, dans le but de couper les communications du corps anglo-français avec ce port. Les Turcs, attaqués les premiers, cédèrent devant les masses russes ; une charge brillante des Ecossais gris et des dragons d'Enniskillen les refoula, mais les Anglais subirent des pertes énormes ; sur six cents combattants, cent cinquante seulement survécurent à cet acte héroïque ; et ce glorieux débris ne fut conservé que grâce à une manœuvre habile exécutée par nos braves et vaillants chasseurs d'Afrique contre l'artillerie russe qui fut mise en déroute.

1867. — Le conseil municipal de Paris vote un crédit de 10,000 francs pour procurer l'entrée gratuite du Palais de l'Exposition universelle à tous les élèves des écoles d'adultes et communales du département de la Seine.

26 — 1855. — Prise de Kinburn. — Après la brillante victoire de Sébastopol, les escadres françaises et anglaises allèrent croiser devant Odessa pour distraire l'attention des Russes, puis elles se dirigèrent en toute hâte sur Kinburn, place forte considérable, située à l'embouchure du Dniéper. Après un bombardement de plusieurs heures, la place se rendit avec des approvisionnements et un matériel considérable. Ce nouveau succès fut obtenu en grande partie par un nouvel engin de guerre, par les *batteries flottantes*, dont l'invention remonte à l'Empereur Napoléon III.

1865. — L'Empereur visite les cholériques aux hôpitaux militaires du Val-de-Grâce et du Gros-Caillou.

27 — 1856. — Décret qui ouvre un crédit extraordinaire de 400,000 francs au budget de la Légion d'honneur pour les anciens militaires de la République et de l'Empire.

28 — 1855. — L'Empereur Napoléon III, constamment préoccupé des aliments du soldat, décide que toutes les fois que le prix de la viande dépassera un franc le kilogramme, l'excédant de la dépense sera porté au budget de la guerre.

1869. — La solde de la gendarmerie est de nouveau augmentée pour les sous-officiers et les soldats.

29 — 1860. — Inauguration à Plombières d'une salle d'asile due à la munificence de l'Empereur.

1864. — Réception enthousiaste de Napoléon III par la ville de Toulon.

1865. — Une somme de 20,000 francs est remise par l'Empereur au ministre de la marine pour être distribuée aux victimes d'un ouragan à la Guadeloupe.

1869. — L'Empereur ouvre la session législative dans la salle du Louvre, en présence des grands Corps de l'Etat, du Corps diplomatique et des nouveaux députés. Napoléon III s'est placé sur le trône ayant à sa droite S. A. Mgr le Prince Impérial et S. A. le Prince Napoléon-Charles Bonaparte, et à sa gauche S. A. le Prince Napoléon. Nous extrayons du remarquable discours de Sa Majesté les passages suivants :

« Messieurs les sénateurs, messieurs les députés, dit-il, il n'est pas facile d'établir en France l'usage régulier et paisible de la liberté. Depuis quelques mois, la société semblait menacée par des passions subversives, la liberté compromise par les excès de la presse et des réunions publiques ; chacun se demandait jusqu'où le gouvernement pousserait la longanimité. Mais déjà le bon sens public a réagi contre les exagérations coupables ; d'impuissantes attaques n'ont servi qu'à montrer la solidité de l'édifice fondé par le suffrage de la Nation. Néanmoins, l'incertitude et le trouble qui existent dans les esprits ne sauraient durer, et la situation exige plus que jamais franchise et décision. Il faut parler sans détours et dire hautement quelle est la volonté du pays.

» La France veut la liberté, mais avec l'ordre,

L'ordre, j'en réponds. Aidez-moi messieurs, à sau-
ver la liberté; pour atteindre ce but, tenons-nous à
égale distance de la réaction et des théories révolutionnaires. Entre ceux qui prétendent tout conserver
sans changements et ceux qui aspirent à tout renverser, il y a une place glorieuse à prendre.

» Lorsque j'ai proposé le Sénatus-Consulte de
septembre dernier comme conséquence logique des
réformes précédentes et de la déclaration faite en mon
nom par le ministre d'Etat le 28 juin, j'ai entendu
inaugurer résolûment une ère nouvelle de conciliation
et de progrès ; de votre côté, en me secondant dans
cette voie, vous n'avez pas voulu renier le passé,
désarmer le pouvoir, ni ébranler l'Empire.

» Notre tâche consiste maintenant à appliquer les
principes qui ont été posés, en les faisant entrer dans
les lois et dans les mœurs.

» Les mesures que les ministres présenteront à
votre approbation ont toutes un caractère sincère-
ment libéral...

» A ces réformes d'ordre administratif et politique
viendront s'ajouter des mesures législatives d'un intérêt plus immédiat pour les populations : — développement plus rapide de la gratuité de l'enseignement
primaire ; diminution des frais de justice ; dégrèvement du demi-décime de guerre qui pèse sur les droits
d'enregistrement en matière de succession ; accès des
Caisses d'épargne rendu plus facile et mis à la portée
des populations rurales par le concours des agents du
Trésor ; règlement plus humain du travail des enfants
dans les manufactures ; augmentation des petits trai-
tements. »

30 — 1854. — L'Empereur, voulant récompenser
la conduite du Prince Napoléon à la bataille de l'Alma,
autorise Son Altesse Impériale à porter la médaille
militaire.

1858. — Convention littéraire entre la France et le
canton de Genève.

1864. — Les villes de Marseille et de Lyon acclament
l'Empereur, qui revient de Nice, où il était allé pour
rendre visite à l'Empereur et à l'Impératrice de
Russie.

31 — 1849. — A la suite de la formation d'un nouveau ministère, le Prince Louis Napoléon adresse au président de l'Assemblée législative un Message dans lequel on lit :

« Dans les circonstances graves où nous nous trouvons, l'accord qui doit régner entre les différents pouvoirs de l'Etat ne peut se maintenir que si, animés d'une confiance mutuelle, ils s'expliquent franchement vis-à-vis l'un de l'autre. Afin de donner l'exemple de cette sincérité, je viens faire connaître à l'Assemblée quelles sont les raisons qui m'ont déterminé à changer le ministère et à me séparer d'hommes dont je me plais à proclamer les services éminents et auxquels j'ai voué amitié et reconnaissance...

» Depuis bientôt un an, j'ai donné assez de preuves d'abnégation pour qu'on ne se méprenne pas sur nos véritables intentions. Sans rancune contre aucune individulité, comme contre aucun parti, j'ai laissé arriver aux affaires les hommes d'opinions les plus diverses, mais sans obtenir les heureux résultats que j'attendais de ce rapprochement. *Au lieu d'opérer une fusion de nuances, je n'ai obtenu qu'une neutralisation de forces.* L'unité de vues et d'intentions a été entravée, l'esprit de conciliation pris pour de la faiblesse. »

« A peine les dangers de la rue étaient-ils passés, qu'on a vu les anciens partis relever leurs drapeaux, réveiller leurs rivalités et alarmer le pays en semant l'inquiétude. Au milieu de cette confusion, la France, inquiète, parce qu'elle ne voit pas de direction, cherche la main, la volonté de l'élu du 10 décembre. Or, cette volonté ne peut être sentie que s'il y a communion entière d'idées, de vues, de convictions entre le président et ses ministres, et si l'Assemblée elle-même s'associe à la pensée nationale dont l'élection du pouvoir exécutif a été l'expression. Tout un système a triomphé au 10 décembre, car le nom de Napoléon est à lui seul un programme. Il veut dire : à l'intérieur, ordre, autorité, religion, bien-être du peuple ; à l'extérieur, dignité nationale. C'est cette politique, inaugurée par mon élection, que je veux faire triompher avec l'appui de l'Assemblée et du peuple... Relevons donc l'autorité sans inquiéter la vraie liberté. Calmons les craintes en domptant hardiment les mauvaises passions et en donnant à tous les nobles instincts une direction utile. »

1861. — Convention signée à Londres par laquelle la France, l'Angleterre et l'Espagne déclarent réunir leurs forces en vue d'une action commune à exercer pour obtenir du Mexique la satisfaction due à leurs griefs.

NOVEMBRE

Aidez-moi tous à asseoir sur cette terre bouleversée par tant de révolutions un gouvernement stable, qui ait pour bases la religion, la justice, la probité, l'amour des classes souffrantes.

Louis NAPOLÉON.

1er — 1869. — L'Impératrice Eugénie arrive à Louqsor. Sa Majesté est reçue par les savants français et allemands que le vice-roi avait invités à se rendre en Egypte pour l'inauguration du canal de Suez.

2 — 1860. — Les Français en Chine. — Le général Cousin de Montauban annonce au ministre de la guerre qu'après plusieurs combats, l'armée tartare a été chassée de ses positions et a livré son camp aux troupes françaises.

3 — 1849. — Installation solennelle de la magistrature française, au Palais de Justice. A cette occasion, le Prince Louis Napoléon prononce un discours dans lequel on remarque ces paroles :

« Messieurs, je suis heureux de me trouver aujourd'hui au milieu de vous et de présider une cérémonie solennelle qui, en reconstituant la magistrature, rétablit un principe qu'un égarement momentané a pu seul faire méconnaître. Aux époques agitées, dans les temps où les notions du juste et de l'injuste semblent confondues, il est utile de relever le prestige des grandes institutions et de prouver que certains principes renferment en eux une force indestructible. On aime à pouvoir dire : les lois fondamentales du pays ont été renouvelées, tous les pouvoirs de l'Etat sont passés en d'autres mains, et cependant, au milieu de ces bouleversements et de ces naufrages, le principe de l'inamovibilité de la magistrature est resté debout. En effet, les sociétés ne se transforment pas au gré des ambitions humaines; les formes changent, la chose reste. Malgré les tempêtes politiques survenues depuis 1815, nous ne vivons encore que grâce aux larges institutions fondées par le Consulat et l'Empire; les dynasties et les chartes ont passé; mais ce qui a survécu et ce qui nous sauve, c'est la religion, c'est l'organisation de la justice, de l'armée, de l'administration... »

4 — 1851. — Message du Prince Louis Napoléon à l'Assemblée nationale : « Une vaste conspiration démagogique, dit-il, s'organise en France et en Europe. Les sociétés secrètes cherchent à étendre leurs ramifications jusque dans les moindres communes; tout ce que les partis renferment d'insensé, de violent, d'incorrigible, sans être d'accord sur les hommes ni sur les choses, s'est donné rendez-vous en 1852, non pour bâtir, mais pour renverser... Réunissons tous nos efforts, afin d'enlever au génie du mal jusqu'à l'espoir d'une réussite momentanée. Le meilleur moyen d'y parvenir m'a toujours paru l'application de ce système qui consiste, d'un côté, à satisfaire largement les intérêts légitimes, de l'autre, à étouffer, dès leur apparition, les moindres symptômes d'attaques contre la religion, la morale, la société... Encourager les institutions destinées au développement du crédit agricole ou commercial; venir, par des établissements de bienfaisance, au secours de toutes les misères, telle a été et telle doit être encore notre première sollicitude... »

Après avoir longuement démontré les graves inconvénients de la loi électorale du 31 mai, qui avait restreint le suffrage universel, le Prince dit :

« Aujourd'hui, rétablir le suffrage universel, c'est enlever à la guerre civile son drapeau, à l'opposition son dernier argument. Ce sera fournir à la France la possibilité de se donner des institutions qui assurent son repos. Ce sera rendre aux pouvoirs à venir cette force morale qui n'existe qu'autant qu'elle repose sur un principe consacré et sur une autorité incontestable... »

1852. — Le Prince Louis Napoléon adresse au Sénat un Message relatif au rétablissement de l'Empire :

« La Nation, dit-il, vient de manifester hautement sa volonté de rétablir l'Empire. Confiant dans votre patriotisme et vos lumières, je vous ai convoqués pour délibérer légalement sur cette grave question et vous. remettre le soin de régler le nouvel ordre de choses.. Dans le rétablissement de l'Empire, le peuple trouve une garantie à ses intérêts et une satisfaction à son juste orgueil. Ce rétablissement garantit ses intérêts en assurant l'avenir, en fermant l'ère des révolutions, en confirmant encore les conquêtes de 89 ; il satisfait son juste orgueil parce que, relevant avec liberté et réflexion ce qu'il y a trente-sept ans l'Europe entière a renversé par la force des armes au milieu des désastres de la patrie, le peuple venge noblement ses revers sans faire de victimes, sans menacer aucune indépendance, sans troubler la paix du monde... Je ne me dissimule pas, néanmoins, tout ce qu'il y a de redoutable à accepter aujourd'hui et à mettre sur sa tête la couronne de Napoléon; mais mes appréhensions diminuent par la pensée que, représentant à tant de titres la cause du peuple et la volonté nationale, ce sera la Nation qui, en m'élevant au trône, se couronnera elle-même... »

1863. — Napoléon III écrit à tous les souverains de l'Europe et leur propose la réunion, à Paris, d'un Congrès international pour arranger à l'amiable tous les différends existants et donner de nouvelles garanties au maintien de la paix générale.

5 — 1854. — Bataille d'Inkermann. — Dans la nuit du 4 au 5, soixante mille Russes, favorisés par un brouillard épais, surprennent six mille Anglais campés sur les hauteurs d'Inkermann. Un instant nos alliés plient sous cette avalanche humaine; leurs redoutes sont occupées par les Russes ; mais bientôt ils se rallient, et, dans un combat de un contre huit, font des prodiges de valeur. Courage inutile : ils vont céder au nombre, lorsque les colonnes françaises, averties par la fusillade, se précipitent à leur secours. C'est le gé-

NOVEMBRE 147

néral Bosquet et sa division. *A nous les zouaves!* s'écrient les Anglais. L'action change immédiatement; des batteries habilement établies, les charges à la baïonnette des zouaves, des tirailleurs algériens, des chasseurs à pied, du 6e régiment de ligne et du 7e léger, mettent en déroute l'ennemi.

1858. — Le char funèbre qui a servi aux funérailles de Napoléon Ier à Sainte-Hélène, offert à l'Empereur Napoléon III par la reine d'Angleterre, est reçu à l'Hôtel des Invalides par S. A. I. le Prince Napoléon.

1863. — L'Empereur ouvre la session législative dans la grande salle du palais du Louvre. Voici un extrait de son discours:

« Le Corps législatif a été renouvelé pour la troisième fois depuis la fondation de l'Empire, et, pour la troisième fois, malgré quelques dissidences locales, je n'ai qu'à m'applaudir du résultat des élections. Vous m'avez tous prêté le même serment; il me répond de votre concours... Le moment n'est-il pas venu de reconstruire sur de nouvelles bases l'édifice miné par le temps et détruit pièce à pièce par les révolutions?..... Les traités de 1815 ont cessé d'exister... Au milieu de ce déchirement successif du pacte fondamental européen, les passions ardentes se surexcitent, et au midi comme au nord, de puissants intérêts demandent une solution. Quoi donc de plus légitime et de plus sensé que convier les puissances de l'Europe à un Congrès où les amours-propres et les résistances opiniâtres disparaîtraient devant un arbitrage européen. »

6 — 1853. — La médecine gratuite. — D'après les ordres de l'Empereur Napoléon III, il est créé un service de traitement à domicile pour les malades pauvres de Paris. Auparavant, l'indigent malade n'avait d'autre ressource que de se faire recevoir à l'hôpital, où il n'y avait pas toujours de place. Plus tard, ce service était organisé dans les campagnes et, en 1868, il fonctionnait dans 51 départements. Pendant cette année, 276,978 personnes appartenant aux classes laborieuses des campagnes ont profité de la médecine gratuite. Les visites et les consultations des médecins attachés à ce service s'élève à 970,021.

7 — 1852. — Un sénatus-consulte rétablit, à titre

héréditaire la dignité impériale en faveur de Louis Napoléon, et décrète que la proposition suivante sera présentée à l'acceptation du peuple français :

« Le peuple français veut le rétablissement de la dignité Impériale dans la personne de Louis Napoléon Bonaparte, avec hérédité dans sa descendance directe, légitime ou adoptive, et lui donne le droit de régler l'ordre de succession au trône dans la famille Bonaparte, ainsi qu'il est prévu dans le sénatus-consulte du 7 novembre 1852. » (V. 21 novembre.)

1856. — Napoléon III, constamment préoccupé de venir en aide aux ouvriers en fondant des institutions de bienfaisance, créa des fourneaux économiques. Pour pourvoir aux dépenses de ces établissements, il envoya, le 7 novembre 1856, une somme de 100,000 francs à M. Pétri, préfet de police. Aussitôt établis, les pauvres ménages, pour qui l'hiver est un surcroît de dépenses, accouraient en foule à ces fourneaux, où ils recevaient, à très bas prix, des portions de bonne viande, de bouillon, de légumes, de riz, de pommes de terre et de pain. Huit fourneaux distribuèrent, en 29 jours, 1,244,756 portions.

8 — 1858. — Napoléon III adresse une lettre au Prince Napoléon, à l'occasion du différend relatif au recrutement des travailleurs sur la côte d'Afrique :

« Si les travailleurs recrutés sur la côte d'Afrique, dit l'Empereur, n'ont pas un libre arbitre, et si un enrôlement n'est pas autre chose qu'une traite déguisée, je n'en veux à aucun prix. Ce n'est pas moi qui pratiquerai nulle part des entreprises contraires au progrès, à l'humanité et à la civilisation. »

1860. — L'Empereur accorde, sur sa cassette, les fonds nécessaires pour la construction de la flèche de l'église de Plombières.

9 — 1864. — Informée qu'un incendie venait de réduire au grand dénûment plusieurs familles de la commune de Nazay (Doubs), la Famille Impériale envoie une somme de 5,000 francs, pour pourvoir aux besoins les plus urgents.

10 — 1857. — Lettre de l'Empereur au ministre des finances au sujet des rumeurs de nature à porter atteinte au crédit public :

» Ce n'est pas sans orgueil, dit-il, que nous pouvons affirmer que la France est le pays de l'Europe où le crédit public est assis sur les bases les plus larges et les plus solides. Le rapport que vous m'avez adressé en fait foi. »

11 — 1849. — Le Prince Louis Napoléon préside à la distribution des récompenses décernées aux exposants de l'industrie nationale, et il prononce un discours dans lequel on remarque le passage suivant :

« Les améliorations ne s'improvisent pas, elles naissent de celles qui les précèdent ; comme l'espèce humaine, elles ont une filiation qui nous permet de mesurer l'étendue du progrès possible et de le séparer des utopies. Ne faisons donc pas naître de vaines espérances, mais tâchons d'accomplir toutes celles qu'il est raisonnable d'accepter ; manifestons par nos actes une constante sollicitude pour les intérêts du peuple ; réalisons, au profit de ceux qui travaillent, ce vœu philanthropique d'une part meilleure dans les bénéfices et d'un avenir plus assuré... »

1862. — Inauguration du canal qui unit la Méditerranée au lac Timsah.

12 — 1855. — Une partie des troupes françaises s'embarque à Kamiesh pour revenir en France.

1861. — Lettre de l'Empereur au Sénat :

« Je viens vous prévenir de mon intention de réunir, le 2 décembre, le Sénat, pour lui faire connaître ma décision de renoncer au pouvoir d'ouvrir, dans l'intervalle des sessions, des crédits supplémentaires et extraordinaires. »

Le même jour, l'Empereur écrit au ministre d'Etat :

« En renonçant, dit l'Empereur, au droit qui était également celui des souverains même constitutionnels qui m'ont précédé, je pense faire une chose utile à la bonne gestion des finances. Fidèle à mon origine, je ne puis regarder la prérogative de la couronne, ni comme un dépôt sacré auquel on ne pourrait toucher, ni comme l'héritage de mes pères qu'il faille avant tout transmettre à mon fils. Elu du peuple, représentant ses intérêts, j'abandonnerai toujours sans regret cette prérogative inutile au bien public, de même que je conserverai inébranlable dans mes mains tout pouvoir indispensable à la tranquillité ou à la prospérité du pays. »

13 — 1852. — Le Prince Louis Napoléon adresse une somme de 1,000 francs à chacune des Sociétés des Amis des Arts de Marseille et de Bordeaux.

1862. — M. Drouyn de Lhuys, ministre des affaires étrangères, écrit, au nom de l'Empereur, aux ambassadeurs de France à Londres et à Saint-Pétersbourg, au sujet de la guerre civile des Etats-Unis. L'Empereur pense qu'il y a lieu d'offrir aux belligérants le concours des bons offices des puissances maritimes.

14 — 1854. — Décret qui nomme M. de Morny président du Corps législatif.

15 — 1855. — A l'occasion de la clôture de l'Exposition universelle et de la distribution des récompenses, l'Empereur prononce un remarquable discours :

« ...L'Exposition qui va finir, dit-il, offre un grand spectacle. C'est pendant une guerre sérieuse que de tous les points de l'Univers sont accourus à Paris, pour y exposer leurs travaux, les hommes les plus éminents de la science, des arts et de l'industrie... A la vue de tant de merveilles étalées à nos yeux, la première impression est un désir de paix. La paix seule, en effet, peut développer encore ces remarquables produits de l'intelligence humaine. Vous devez donc tous souhaiter, comme moi, que cette paix soit prompte et durable... A l'époque de civilisation où nous sommes, les succès des armées, quelque brillants qu'ils soient, ne sont que passagers ; c'est, en définitive, l'opinion publique qui remporte toujours la dernière victoire. »

1862. — Etablissement des pupilles de la marine. — C'est à l'initiative de l'Impératrice qu'est due cette institution. Les élèves y reçoivent une instruction élémentaire, morale et professionnelle jusqu'à l'âge de treize ans, époque à laquelle ils passent à l'école des mousses.

1864. — L'Empereur souscrit une somme de 1,000 fr. pour l'érection d'un monument en l'église Saint-Germain-des-Prés à Hippolyte Flandrin.

1869. — Inauguration de la Crèche du Prince Impérial, dite Crèche Sainte-Marie, avenue d'Eylau, à Paris.

16 — 1862. — Inauguration d'une salle d'asile, à Trélazé (Maine-et-Loire).

17 — 1849. — Le Prince Louis Napoléon rend un décret qui crée une commission pour l'examen et l'étude des moyens de construire, à Paris et dans les grands centres de population, des lavoirs et des bains publics gratuits. Une somme de 600,000 fr. est affectée à la création de ces établissements.

1852. — Décret qui réduit à dix centimes par sac le prélèvement fait par le débiteur sous le nom de *passe* des sacs.

1865. — La Société centrale de Sauvetage des Naufragés, placée sous la haute protection de l'Impératrice, est déclarée d'utilité publique. Les populations maritimes savent combien de navires en détresse et de matelots en péril cette institution impériale a déjà arrachés à la mer. Cette Société a sauvé, depuis sa fondation jusqu'au 26 mai 1876, 1,288 personnes, secouru ou sauvé 347 bâtiments.

1869. — Inauguration du Canal de Suez par S. M. l'Impératrice des Français et S. M. l'Empereur d'Autriche. L'émir Abd-el-Kader, invité à y assister, a eu une audience de l'Impératrice qui lui a fait le plus bienveillant accueil.

18 — 1867. — L'Empereur ouvre la session législative de 1868 :

« La nécessité de reprendre l'étude interrompue des lois importantes, dit-il aux sénateurs et aux députés, m'a obligé de vous convoquer plus tôt que de coutume... L'Exposition universelle, où se sont donnés rendez-vous presque tous les souverains de l'Europe, et où se sont rencontrés les représentants des classes laborieuses de tous les pays, a resserré les liens de fraternité entre les nations...

» Ces gages incontestables de concorde ne sauraient nous dispenser d'améliorer les institutions militaires de la France. C'est un devoir impérieux pour les gouvernements de poursuivre, indépendamment des circonstances, le progrès dans tous les éléments qui font la force du pays, et c'est pour nous une nécessité de perfectionner notre organisation militaire, comme nos armes et notre marine.

» ...Le voyage que j'ai fait avec l'Impératrice dans l'est et le nord de la France, a été l'occasion de manifestations de sympathie qui m'ont profondément touché. J'ai pu constater, une fois de plus, que rien n'a pu ébranler la confiance que le peuple a mise en moi, et l'attachement qu'il porte à ma dynastie. De mon côté, je m'efforce sans cesse d'aller au-devant de ses vœux.

» L'achèvement des chemins vicinaux était réclamé par les classes agricoles... Une vaste enquête en prépare la solution... Ne cessons pas de répandre l'aisance par le prompt achèvement de nos voies de communication, de multiplier les moyens d'instruction, de rendre l'accès de la justice moins dispendieux par la signification des procédures, de prendre toutes les mesures qui peuvent rendre prospère le sort du plus grand nombre... »

19 — 1858. — Un décret impérial institue, sous la garantie de la ville de Paris et sous l'autorité du préfet de la Seine, une caisse spéciale qui sera chargée du service de trésorerie des grands travaux publics de la Ville, et qui prendra le titre de *Caisse des travaux de Paris*.

20 — 1853. — L'Empereur Napoléon III fait remettre au maire de Fontainebleau une somme de 1,500 francs pour aider la municipalité de cette ville à réduire le prix du pain en faveur des ouvriers nécessiteux.

21 — 1852. — Un sénatus-consulte rétablissant, à titre héréditaire, la dignité impériale en faveur du Prince Louis Napoléon, est proposé à l'acceptation du peuple français. Le recensement général des suffrages émis donne 7,824,189 bulletins portant le mot *oui*, sur 8,140,660 votants. (V. 7 novembre.)

1853. — Décret allouant un crédit de 250,000 francs pour la construction et la réparation d'églises et de presbytères.

22 — 1853. — Décret accordant 4 millions pour

subvention aux travaux d'utilité communale dans le but d'occuper les classes ouvrières.

23 — 1853. — Décret ouvrant un crédit extraordinaire de 250,000 francs pour construction et réparation de maisons d'école.

1862. — Décision de l'Empereur faisant remise pleine et entière des peines prononcées contre quelques ouvriers typographes condamnés pour délit de coalition.

24 — 1860. — Décret augmentant les attributions du Corps législatif et assurant entre le pays et ses députés une communication plus directe :

« Ce qui manque à mon gouvernement, dit l'Empereur, c'est l'absence de publicité et de contrôle; c'est là ce qui favorise la calomnie et engendre les préventions. Je ne veux que le bien; je n'ai dans le cœur que des intentions honnêtes, mais je puis me tromper. C'est pourquoi je veux connaître l'opinion du pays par l'organe de ses députés, après qu'ils auront examiné mes actes. »

1869. — L'Empereur déclare comme établissement d'utilité publique l'œuvre de patronage pour encourager et aider, par des subventions, les Sociétés de secours mutuels fondées ou à fonder à Paris et dans les départements, entre les anciens militaires de terre et de mer. Sa Majesté versa une somme de 500,000 francs pour faire les premiers fonds; mais les événements de 1870 survinrent et la Société ne fut pas établie. Depuis, M. le vice-amiral Choppart essaya de la reconstituer. Ce fut en vain, les républicains repoussèrent sa demande.

25 — 1851. — Le Prince Louis Napoléon préside à la distribution des récompenses décernées aux exposants français à l'Exposition de Londres.

« ... Au moment de couronner vos succès par une récompense nationale, dit-il, puis-je oublier que tant de merveilles de l'industrie ont été commencées au bruit de l'émeute et achevées au milieu d'une société sans cesse agitée par la crainte du présent, comme par les menaces de l'avenir? Et, en réfléchissant aux obstacles qu'il vous a fallu vaincre, je me suis dit : Combien elle serait grande, cette nation, si l'on voulait la laisser respirer à l'aise et vivre de sa vie!... Les idées

démagogiques proclament-elles une vérité? Non. Elles
répandent partout l'erreur et le mensonge. L'inquiétude les précède, la déception les suit, et les ressources
employées à les réprimer sont autant de pertes pour
les améliorations les plus pressantes, pour le soulagement de la misère...

» Vous tous, fils de cette société régénérée qui dé-
truisit les anciens privilèges et qui proclama comme
principe fondamental l'égalité civile et politique, vous
éprouvez néanmoins un juste orgueil à être nommés
chevaliers de la Légion d'honneur. C'est que cette institution était, ainsi que toutes celles créées à cette
époque, en harmonie avec l'esprit du siècle et les idées
du pays. Loin de servir comme d'autres à rendre les
démarcations plus tranchées, elle les efface en plaçant
sur la même ligne tous les mérites, à quelque profession, à quelque rang de la société qu'ils appartien-
nent...

» Avant de nous séparer, messieurs, permettez-moi
de vous encourager à de nouveaux travaux. Entre-
prenez-les sans crainte ; ils empêcheront le chômage
de l'hiver. Ne redoutez pas l'avenir. La tranquillité
sera maintenue, quoi qu'il arrive. Un gouvernement
qui s'appuie sur la masse entière de la nation, qui n'a
d'autre mobile que le bien public et qu'anime cette foi
ardente qui vous guide sûrement, même à travers un
espace où il n'y a pas de route tracée, ce gouvernement, dis-je, saura remplir sa mission, car il a en lui
et le droit qui vient du peuple, et la force qui vient de
Dieu. »

1852. — Message du Prince Louis Napoléon au Corps
législatif, relatif au rétablissement de l'Empire:

« Messieurs les députés, je vous ai rappelés de vos
départements pour vous associer au grand acte qui va
s'accomplir. Quoique le Sénat et le peuple aient seuls
le droit de modifier la Constitution, j'ai voulu que le
corps politique issu comme moi du suffrage universel
vînt attester au monde la spontanéité du mouvement
national qui me porte à l'Empire. Je tiens à ce que ce
soit vous qui, en constatant la liberté du vote et le
nombre des suffrages, fassiez sortir de votre déclaration la légitimité de mon pouvoir. Aujourd'hui, en
effet, déclarer que l'autorité repose sur un fait incon-

testable, c'est lui donner la force nécessaire pour fonder quelque chose de durable et assurer la prospérité du pays... »

26 — 1860. — M. de Forcade la Roquette est nommé ministre des finances, MM. Billault et Magne sont nommés ministres sans portefeuille.

27 — 1864. — Décret qui réforme le baccalauréat ès lettres et le baccalauréat ès sciences, sur le rapport de M. Duruy, ministre de l'instruction publique.

28 — 1855. — Fête splendide offerte par la ville de Paris au roi de Sardaigne.

1859. — Promulgation du traité de paix conclu entre la France et l'Autriche et du traité relatif à la cession de la Lombardie.

29 — 1855. — Ovation faite à Paris aux soldats de la garde et de la ligne revenant de Crimée.

1859. — Les communications ayant pour objet de provoquer la réunion d'un Congrès européen sont envoyées aux diverses puissances qui doivent y participer.

1861. — Les agents de change près la Bourse de Paris adressent à l'Empereur une lettre pour le remercier d'avoir supprimé le droit d'entrée à la Bourse, mesure qu'ils considèrent comme un « véritable bienfait pour le crédit de la France. » Ils demandent à Sa Majesté de leur permettre d'élever un monument de reconnaissance en plaçant sa statue dans l'enceinte du palais de la Bourse.

Napoléon III a répondu la lettre qui suit, datée de Compiègne :

« Messieurs, les termes par lesquels vous appréciez mes efforts pour le bien de la France et pour le progrès du crédit, comme l'intention de me donner une preuve publique de votre reconnaissance, ne pouvaient que me toucher profondément ; mais n'est-ce pas en exagérer le témoignage que de vouloir, à l'occasion d'une simple mesure, m'élever une statue dans l'enceinte même du palais de la Bourse ? Quelque flatteuse que soit la proposition, permettez-moi de n'y pas souscrire. Je trouve plus naturel de vous offrir mon portrait pour le placer dans la salle de vos séances, et je vous prie de l'accepter. Il vous rappellera combien m'a été précieuse la manifestation de vos sentiments. »

30 — 1852. — Décret du Prince Louis Napoléon ordonnant la mise en liberté immédiate de tous les individus contre lesquels s'exerce en ce moment la contrainte par corps pour le recouvrement des amendes et frais pour délits et contraventions, et leur fait remise de leur dette.

1857. — Inauguration de l'église Sainte-Clotilde, à Paris.

1863. — L'Empereur fait une visite aux fouilles archéologiques du mont de Berny, près Pierrefonds Oise), et encourage la continuation de ces travaux.

DÉCEMBRE

> Je maintiendrai haut et ferme le pouvoir qui m'a été confié, car les obstacles et les résistances injustes n'ébranleront ni mon courage, ni ma foi dans l'avenir.
>
> NAPOLÉON III.

1er — 1852. — Le Sénat et le Corps législatif se rendent à Saint-Cloud et présentent au Prince Louis Napoléon le résultat du vote national qui l'appelle à l'Empire par 7 millions 824,189 voix. Aux discours prononcés par M. Billault, président du Corps législatif, et M. Mesnard, premier vice-président du Sénat, l'Empereur a répondu :

« Messieurs, le nouveau règne que vous inaugurez aujourd'hui n'a pas pour origine, comme tant d'autres dans l'histoire, la violence, la conquête ou la ruse. Il est, vous venez de le déclarer, le résultat légal de la volonté de tout un peuple qui consolide au milieu du calme ce qu'il avait fondé au sein des agitations... Je prends, dès aujourd'hui, avec la couronne, le nom de Napoléon III, parce que la logique du peuple me l'a donné dans ses acclamations, parce que le Sénat l'a proposé légalement et parce que la nation entière l'a ratifié...

» Aidez-moi tous à asseoir sur cette terre bouleversée par tant de révolutions un gouvernement stable qui ait pour bases la religion, la justice, la probité, l'amour des classes souffrantes... »

1865. — Le Conseil municipal de Paris décide qu'une médaille commémorative sera frappée pour perpétuer le souvenir des visites faites par l'Empereur et l'Impératrice aux cholériques dans différents hôpitaux de la capitale.

2 — 1851. — Coup d'Etat. — Ne pouvant gouverner avec une Assemblée qui était devenue un foyer d'intrigues et de conspirations, le Prince Louis Napoléon la dissout et fait un appel à la Nation.

Le décret qui annonçait l'acte du 2 décembre était ainsi conçu :

« AU NOM DU PEUPLE FRANÇAIS

« *Le Président de la République décrète :*

» Article premier. — L'Assemblée nationale est dissoute.

» Art. 2. — Le suffrage universel est rétabli. La loi du 31 mai est abrogée.

» Art. 3. — Le peuple français est convoqué dans ses comices, à partir du 14 décembre jusqu'au 21 décembre suivant.

» Art. 4. — L'état de siège est décrété dans l'étendue de la 1re division militaire.

» Art. 5. — Le Conseil d'Etat est dissout.

» Art. 6. — Le ministre de l'intérieur est chargé de l'exécution du présent décret. »

Voilà qui est franc, honnête et hardi. Le Prince Président prenait le pouvoir, mais, en même temps, il le remettait à la nation, afin qu'elle en disposât librement.

La proclamation adressée à l'armée était pleine du même respect pour la souveraineté nationale. En voici un extrait :

« Soldats, soyez fiers de votre mission, vous sauverez la patrie, car je compte sur vous, non pour violer les lois, mais pour faire respecter la première loi du pays, la souveraineté nationale, dont je suis le légitime représentant.

» Depuis longtemps vous souffriez, comme moi, des obstacles qui s'opposaient et au bien que je voulais vous faire et aux démonstrations de votre sympathie en ma faveur. Ces obstacles sont brisés. L'Assemblée a essayé d'attenter à l'autorité que je tiens de la nation entière ; elle a cessé d'exister.

» Je fais un loyal appel au peuple et à l'armée, et je leur dis : *Ou donnez-moi les moyens d'assurer votre prospérité, ou choisissez un autre à ma place.*

» En 1830, comme en 1848, on vous a traités en vaincus. Après avoir flétri votre désintéressement héroïque, on a dédaigné de consulter vos sympathies et vos vœux, et cependant vous êtes l'élite de la nation. Aujourd'hui, en ce moment solennel, je veux que l'armée fasse entendre sa voix... »

Le Prince Louis Napoléon s'adressait ensuite à la nation tout entière, et lui demandait de déclarer si elle voulait, oui ou non, être sauvée, par l'établissement d'un régime sérieux et pratique, de l'anarchie et du pillage :

« Français ! La situation actuelle ne peut durer plus longtemps. Chaque jour qui s'écoule aggrave les dangers du pays. L'Assemblée, qui devait être le plus ferme appui de l'ordre, est devenu un foyer de complots. Le patriotisme de trois cents de ses membres n'a pu arrêter ses fatales tendances. Au lieu de faire des lois dans l'intérêt général, elle forge des armes pour la guerre civile ; elle attente au pouvoir que je tiens directement du peuple ; elle encourage toutes les mauvaises passions ; elle compromet le repos de la France : Je l'ai dissoute, et je rends le peuple entier juge entre elle et moi.

» La Constitution, vous le savez, avait été faite dans le but d'affaiblir d'avance le pouvoir que vous alliez me confier. Six millions de suffrages furent une éclatante protestation contre elle, et cependant je l'ai fidèlement observée. Les provocations, les calomnies, les outrages m'ont trouvé impassible. Mais aujourd'hui que le pacte fondamental n'est plus respecté de ceux-là même qui l'invoquent sans cesse et que les hommes qui ont déjà perdu deux monarchies veulent me lier les mains, afin de renverser la République ;

mon devoir est de déjouer leurs perfides projets, de maintenir la République et de sauver le pays en invoquant le jugement solennel du seul souverain que je reconnaisse en France : LE PEUPLE !

» Je fais donc un appel loyal à la nation tout entière, et je dis : Si vous voulez continuer cet état de malaise qui nous dégrade et compromet notre avenir, choisissez un autre à ma place ; car, je ne veux plus d'un pouvoir qui est impuissant à faire le bien, me rend responsable d'actes que je ne puis empêcher, et m'enchaîne au gouvernail quand je vois le vaisseau courir vers l'abîme.

» Si, au contraire, vous avez encore confiance en moi, donnez-moi les moyens d'accomplir la grande mission que je tiens de vous.

» Cette mission consiste à fermer l'ère des révolutions en satisfaisant les besoins légitimes du peuple et en le protégeant contre les passions subversives. Elle consiste surtout à créer des institutions qui survivent aux hommes et qui soient enfin des fondations sur lesquelles on puisse asseoir quelque chose de durable.

» Persuadé que l'instabilité du Pouvoir, que la prépondérance d'une seule Assemblée sont des causes permanentes de trouble et de discorde, je soumets à vos suffrages les bases fondamentales suivantes d'une Constitution que les Assemblées développeront plus tard :

» 1º Un chef responsable nommé pour dix ans ;

» 2º Des ministres dépendant du pouvoir exécutif seul ;

» 3º Un Conseil d'Etat, formé des hommes les plus distingués, préparant les lois et en soutenant la discussion devant le Corps législatif ;

» 4º Un Corps législatif, discutant et votant les lois, nommé par le suffrage universel, sans scrutin de liste qui fausse l'élection ;

» 5º Une seconde Assemblée, formée de toutes les illustrations du pays, pouvoir pondérateur, gardien du pacte fondamental et des libertés publiques.

» Ce système, créé par le Premier Consul, au commencement du siècle, a déjà donné à la France le repos et la prospérité, il les lui garantira encore.

» Telle est ma conviction profonde. Si vous la partagez, déclarez-le par vos suffrage. s Si, au contraire, vous préférez un gouvernement sans force, monarchique ou républicain, emprunté à je ne sais quel passé ou à quel avenir chimérique, répondez négativement.

» Ainsi donc, pour la première fois depuis 1804, vous votez en connaissance de cause, en sachant bien pour qui et pour quoi.

» Si je n'obtiens pas la majorité de vos suffrages, alors je provoquerai la réunion d'une nouvelle Assemblée, et je lui remettrai le mandat que j'ai reçu de vous.

» Mais si vous croyez que la cause dont mon nom est le symbole, c'est-à-dire la France régénérée par la Révolution de 89 et organisée par l'Empereur, est toujours la vôtre ; proclamez-les en consacrant les pouvoirs que je demande.

» Alors la France et l'Europe seront préservées de l'anarchie, les obstacles s'aplaniront, les rivalités auront disparu, car tous respecteront dans l'arrêt du Peuple le décret de la Providence. » (V. 21 décembre.)

1852. — Le préfet de la Seine, du haut des marches de l'Hôtel-de-Ville, donne lecture du décret qui proclame Empereur Louis Napoléon Bonaparte sous le nom de Napoléon III.

A une heure, le nouvel Empereur fait son entrée solennelle à Paris, où l'attendait une foule immense qui lui témoignait sa joie par les cris les plus sympathiques.

3 — 1852. — La première visite du nouvel Empereur fut pour les malades. Le 3 décembre, il se rend à l'Hôtel-Dieu et au Val-de-Grâce et remet une somme de 10,000 francs à chacun de ces établissements.

4 — 1849. — Le Prince Louis Napoléon accorde aux employés de l'administration civile proprement dite de l'Algérie, qui justifieront de leur connaissance de la langue arabe, une prime de 200 ou de 400 francs, selon qu'ils répondront aux examens des interprètes de 1re ou de 2e classe.

1859. — Les troupes de ligne s'embarquent à Toulon pour l'expédition de Chine.

5 — 1852. — Cérémonie de proclamation de l'Empire dans toute la France.

6 — 1866. — Inauguration du marché aux fleurs, place Lobeau, à Paris.

7 — 1853. — Inauguration de la statue du maréchal Ney, duc d'Elchingen, prince de la Moskowa, sur la place de l'Observatoire, à Paris.

1862. — L'Empereur s'inscrit pour 25,000 francs, l'Impératrice 10,000 et le Prince Impérial 5,000 à la souscription ouverte en faveur des ouvriers cotonniers de la Seine-Inférieure.

8 — 1857. — Inauguration du monument de l'Immaculée-Conception, à Marseille.

1862. — Un décret élève le peintre Horace Vernet à la dignité de grand-officier de la Légion d'honneur. Sa Majesté lui écrit de sa main :

« Mon cher monsieur Horace Vernet, je me fais un plaisir de vous envoyer la croix de grand-officier de la Légion d'honnneur, comme un témoignage de ma sympathie pour le grand peintre d'une grande époque. »

1866. — L'Empereur Napoléon III fait remettre à M. Hugot, directeur des Nouveautés, une somme de 2,000 francs, pour venir en aide aux artistes de ce théâtre qui avait été incendié.

9 — 1863. — Napoléon III fait remettre au ministre de la marine une somme de 10,000 francs, pour être distribuée aux familles de marins qui ont péri dans une tempête.

1866. — En apprenant qu'une des plus importantes filatures de coton de Roubaix vient d'être la proie des flammes, l'Empereur ordonne qu'une somme de 5,000 francs, prélevée sur sa cassette, soit immédiatement envoyée pour secourir les ouvriers-victimes de ce sinistre.

10 — 1848. — Le Prince Louis Napoléon est nommé président de la République. — La forme du pouvoir législatif et exécutif donna lieu à des discussions violentes, à des luttes passionnées entre les diverses fractions de l'Assemblée nationale. Enfin, l'Assemblée décida, à la majorité de 627 voix contre 130, que le président de la République serait nommé directement par le suffrage universel. La Constitution fixait le

10 décembre. Deux candidats sérieux étaient en présence : le général Cavaignac, chef du pouvoir exécutif depuis les journées de juin, et le Prince Louis Napoléon. Sur 7,542,936 votants, Louis Napoléon obtint 5,587,759 suffrages, et le général Cavaignac 1,469,166.

1850. — Loi ayant pour objet de faciliter le mariage des indigents, la légitimation de leurs enfants naturels et le retrait de ces enfants déposés dans les hospices. — En vertu de cette loi, les pièces nécessaires sont réclamées et réunies par les soins de l'officier de l'état civil de la commune dans laquelle les parties auront déclaré vouloir se marier (art. 1er). Toutes ces pièces doivent être visées pour timbre et enregistrées gratis, et elles ne donneront lieu à aucun droit de greffe, de sceau, de recherche, ni à aucun droit de législation (art. 4-5). Sont admises au bénéfice de cette loi les personnes qui justifieront d'un certificat d'indigence, délivré par le commissaire de police ou par le maire (art. 6).

11 — 1850. — Le Prince Louis Napoléon fait remettre, à chacune des mairies de Paris, une somme de 1,000 francs, pour être versée aux bureaux de bienfaisance.

12 — 1859. — L'Empereur ordonne au ministre de l'intérieur d'envoyer à Lille une somme de 100,000 fr. pour la construction et l'assainissement des logements de la classe ouvrière.

1867. — Napoléon III envoie 10,000 francs au préfet de Saône-et-Loire pour être distribués aux familles des ouvriers décédés ou blessés par l'explosion du feu grisou, à Blanzy.

13 — 1864. — L'Impératrice Eugénie remet au trésorier de la Société du Prince Impérial, à Compiègne, la somme de 1,000 francs.

14 — 1851. — Décret du Prince Louis Napoléon, affectant 2 millions 700,000 francs aux secours annuels et viagers à distribuer aux anciens militaires de la République et de l'Empire.

1863. — Mise à exécution dans toute la France du grand système d'organisation télégraphique dû à M. de Vougy, directeur général.

15 — 1851. — Au nom du Prince Louis Napoléon, M. de Morny, ministre de l'intérieur, adresse une circulaire aux préfets relative au travail du dimanche. En voici un extrait :

« Le repos du dimanche est l'une des bases essentielles de cette morale qui fait la force et la consolation d'un pays. A ne l'envisager qu'au seul point de vue du bien-être matériel, ce repos est nécessaire à la santé et au développement intellectuel des classes ouvrières : l'homme qui travaille sans relâche et ne réserve aucun jour pour l'accomplissement de ses devoirs religieux et pour le progrès de son instruction, devient tôt ou tard en proie au matérialisme, et le sentiment de sa dignité s'altère en lui en même temps que ses facultés physiques...

» Le gouvernement ne prétend pas, dans des questions de cette nature, faire peser une sorte de contrainte sur la volonté des citoyens. Chaque individu reste libre d'obéir aux inspirations de sa conscience ; mais l'Etat, l'administration, les communes, peuvent donner l'exemple du respect des principes. C'est dans ce sens et dans ces limites que je crois nécessaire de vous adresser des instructions spéciales... »

1853. — Décret qui ouvre un crédit extraordinaire de 200,000 francs pour secours aux hospices, bureaux de charité et institutions de bienfaisance.

1864. — Inauguration d'une salle d'asile, à Quimperlé.

16 — 1861. — Prise du camp retranché des Anamites (Cochinchine).

1867.—L'Impératrice donne l'ordre à l'aide de camp de l'Empereur, chargé de porter des secours aux victimes de l'explosion de la houillère de Blanzy, d'annoncer au préfet de Saône-et-Loire qu'elle met à la disposition des familles éprouvées dix places de jeunes filles dans la maison impériale Eugène-Napoléon, fondée par elle au faubourg Saint-Antoine, à Paris.

17 — 1852. — L'Empereur décide qu'il sera créé, dans les trois quartiers les plus pauvres de Paris, trois établissements de bains et lavoirs publics, et que les frais de ces établissements seront prélevés sur sa cassette particulière.

18 — 1863. — L'institution des crèches ayant été placée sous la protection de l'Impératrice Eugénie, en 1862, Sa Majesté approuve l'établissement des crèches créées à Brest et à Corbeil.

19 — 1860. — Inauguration, à Paris, sous le patronage de l'Empereur et de l'Impératrice, des fourneaux économiques fournissant pendant l'hiver aux familles nécessiteuses des aliments à bon marché.

20 — 1854. — Décret impérial qui ouvre un crédit de cinq millions pour subvention aux travaux d'utilité communale et aux distributions de secours par les bureaux de bienfaisance.

1860. — Inauguration de l'église Saint-Eugène, à Paris.

— Par décret, l'Empereur fait remise de toute condamnation prononcée pour délit de presse.

21 — 1851. — Par 7 millions 439,216 suffrages, le peuple français ratifie l'acte du 2 décembre. La nation restait conséquente avec elle-même. Le peuple ne se déjuge pas. Le 10 décembre 1848, il avait donné librement au Prince un mandat qui impliquait le droit et, par conséquent, le devoir de prendre toutes les mesures nécessaires au bonheur de la France. Seules, les Sociétés secrètes cherchèrent à soulever les masses, mais le vrai peuple, le peuple travailleur resta inébranlable. (V. 31 décembre.)

1863. — Le Sénat donne lecture de son Adresse à l'Empereur. Sa Majesté a répondu :

« ...Le bien, vous le savez, est l'unique mobile de mes actions. A l'intérieur comme à l'extérieur, je désire l'apaisement des passions, la concorde et l'union. J'appelle de tous mes vœux le moment où les grandes questions qui divisent les gouvernements et les peuples pourront être résolues pacifiquement par un arbitrage européen. Unissons nos efforts pour ce noble but ; ne nous préoccupons des obstacles que pour les vaincre, et de l'incrédulité que pour la confondre. »

22 — 1861. — Consécration, par Mgr l'évêque de Blois, de l'église de la Motte-Beuvron, construite aux frais de l'Empereur Napoléon III.

23 — 1850. — Le Prince Louis Napoléon fait remettre 900 francs à la caisse de secours des associations des auteurs, compositeurs et artistes.

1857. — L'Empereur préside la séance du Conseil d'Etat dont l'objet est un projet de décret sur les assurances agricoles.

1863. — Napoléon III envoie une somme importante pour secourir les familles victimes d'un incendie à Prasville (Eure-et-Loire).

24 — 1851. — Le Prince Louis Napoléon passe en revue la garde nationale et l'armée. Arrivé devant le général Petit, il lui adresse ces paroles touchantes :

« Général, vous avez reçu le dernier baiser de l'Empereur, je serai heureux de vous donner le premier au moment où je vous rappelle cette grande mémoire. »

1852. — Dans sa bonté habituelle et pensant toujours aux déshérités de la fortune, Napoléon III envoie, sur sa cassette, une somme de 200 francs à l'hospice des enfants malades, pour qu'ils aient de la volaille le jour de Noël.

25 — 1857. — Décret portant organisation de l'Asile impérial du château de Saverne, destiné à recevoir les veuves et les filles des hauts fonctionnaires morts au service de l'Etat.

26 — 1854. — Ouverture de la session législative de 1855 :

« Depuis votre dernière réunion, dit l'Empereur, de grands faits se sont accomplis. L'appel que j'ai adressé au pays pour couvrir les frais de la guerre a été si entendu que le résultat a même dépassé mes espérances... Nos armes ont été victorieuses dans la Baltique comme dans la mer Noire. Deux grandes batailles ont illustré notre drapeau. Un éclatant témoignage est venu prouver l'intimité de nos rapports avec l'Angleterre; le Parlement a voté des félicitations à nos généraux et à nos soldats... L'armée d'Orient a, jusqu'à ce jour, tout souffert et tout surmonté... Chacun a noblement fait son devoir, depuis le maréchal, qui a semblé forcer la mort à attendre qu'il eût vaincu, jusqu'au soldat et au matelot, dont le dernier cri en expirant était un vœu pour la France, une acclamation pour l'Elu du pays. Déclarons-le donc ensemble : l'armée et la flotte ont bien mérité de la patrie.

» La lutte qui se poursuit, circonscrite par la modération et la justice, tout en faisant palpiter les cœurs, effraie si peu les intérêts que bientôt, des diverses parties du globe, se réuniront ici tous les produits de la paix. Les étrangers ne pourront manquer d'être frappés du saisissant spectacle d'un pays qui, comptant sur la protection divine, soutient avec énergie une guerre à six cents lieues de ses frontières, et qui développe avec la même ardeur ses richesses intérieures ; un pays où la guerre n'empêche pas l'agriculture et l'industrie de prospérer, les arts de fleurir, et où le génie de la nation se révèle dans tout ce qui peut faire la gloire de la France. »

27 — 1853. — Décret qui institue une caisse de service pour la boulangerie de Paris. (V. 2 mars.)

1861. — Décret qui accorde le traitement de la Légion d'honneur aux officiers amputés par suite de blessures reçues à l'armée, nommés ou promus dans l'ordre depuis leur admission à la retraite.

28 — 1852. — Napoléon III envoie une somme de 3,000 francs pour venir en aide aux ouvriers d'une usine de Montataire (Oise) qu'un accident arrivé à une machine privait de travail depuis plusieurs jours.

1857. — Prise de Canton (Chine) par les flottes alliées de France et d'Angleterre.

1856. — Décret impérial ouvrant un crédit extraordinaire de trois millions pour subvention aux travaux d'utilité communale et pour secours à distribuer par les bureaux de bienfaisance.

1862. — Une commission est instituée à l'effet de préparer un projet de loi pour réglementer la propriété littéraire et artistique et coordonner dans un code unique la législation spéciale.

29 — 1853. — Décret qui décide qu'à partir du 1er janvier 1854, les caisses d'épargne cesseront de recevoir les retenues des 20 centimes, opérées sur le traitement des instituteurs.

1855. — Napoléon III se rend à la place de la Bastille pour recevoir la garde impériale et plusieurs régiments de ligne revenant de la guerre de Crimée. Dans son allocution, l'Empereur dit :

« Soldats ! Je viens au-devant de vous, comme autrefois le Sénat romain allait aux portes de Rome au-devant de ses légions victorieuses. Je viens vous dire que vous avez bien mérité de la patrie.

» Soldats de la garde, comme soldats de la ligne, soyez les bienvenus ! Vous représentez tous cette armée d'Orient dont le courage et la persévérance ont de nouveau illustré nos aigles et reconquis à la France le rang qui lui est dû. La patrie, attentive à tout ce qui s'accomplit en Orient, vous accueille avec d'autant plus d'orgueil qu'elle mesure vos efforts à la résistance opiniâtre de l'ennemi... »

30 — 1859. — Lettre de l'Empereur au pape Pie IX, relative à la question italienne.

1868. — Décret impérial approuvant la déclaration signée à Saint-Pétersbourg, à l'effet d'interdire l'usage de certains projectiles en temps de guerre.

31 — 1851. — Le Prince Louis Napoléon reçoit la commission consultative qui vient lui présenter le recensement général des votes émis le 20 et 21 décembre sur le projet de plébiscite proposé au peuple le 2 décembre :

« Messieurs, dit-il, la France a répondu à l'appel loyal que je lui avais fait ; elle a compris que je n'était sorti de le légalité que pour rentrer dans le droit. Plus de sept millions de suffrages viennent de m'absoudre en justifiant un acte qui n'avait d'autre but que d'épargner à notre patrie, et à l'Europe peut-être, des années de troubles et de malheur... Je comprends toute la grandeur de ma mission nouvelle... J'espère assurer les destinées de la France en fondant des institutions qui répondent à la fois : et aux instincts démocratiques de la Nation, et à ce désir exprimé universellement d'avoir désormais un pouvoir fort et respecté... »

1853. — Achèvement de la digue de Cherbourg. — Ce gigantesque travail, commencé en 1783, suspendu pendant la Révolution, repris sous le premier Empire, suspendu encore une fois pendant la période de la Restauration, est enfin accompli après soixante-dix années d'attente et quarante et un ans d'efforts constants.

1866. — Décret concernant les établissements réputés insalubres, dangereux ou incommodes.

Paris, mercredi 24 mai 1882

LA FAMILLE BONAPARTE

Tant qu'il y aura des Bonaparte,
la cause impériale aura des représentants.

Testament du PRINCE IMPÉRIAL.

CHARLES-MARIE BONA-
PARTE, né le 29 mars 1746, fut député par la
noblesse de Corse auprès du roi de France. Il épousa
Lœtitia de Romalino.

De cette union sont issus huit enfants. Voici les
noms des cinq fils :

Joseph-Napoléon, né à Corte, le
7 janvier 1768 ; roi de Naples de 1806 à 1808 et roi
d'Espagne de 1808 à 1813. Il épousa en 1794, Marie-
Julie Clary, sœur du roi de Suède. Ils eurent deux
filles :

ZÉNAÏDE–CHARLOTTE–JULIE, née à Paris le 8 juillet
1804 ; mariée à son cousin Charles-Lucien–Jules–
Laurent Bonaparte, prince de Canino et Musignano,
fils de Lucien, frère de Napoléon 1er.

CHARLOTTE, mariée à son cousin le prince Napoléon-
Louis Bonaparte, fils du roi Louis, veuve le 17 mars
1831, morte en 1839.

Napoléon, né à Ajaccio, le 15 août 1769 ;
Premier Consul le 13 décembre 1799, Consul à vie le
2 août 1802, Empereur des Français le 18 mai 1804.
Il épousa le 8 mars 1796, Joséphine Tascher de la
Pagerie, veuve d'Alexandre de Beauharnais, morte à
la Malmaison, le 29 mai 1814 ; le 2 avril 1810, Napo-
léon contracta un nouveau mariage avec Marie-
Louise, archiduchesse d'Autriche, morte en 1847.
L'Empereur mourut en captivité à l'île Sainte-Hélène,
le 5 mai 1821, laissant un fils :

NAPOLÉON-FRANÇOIS-CHARLES-JOSEPH, né à Paris, le 20 mars 1811, roi de Rome, duc de Reichstadt, mort à Vienne le 22 juillet 1832.

Lucien, né à Ajaccio en 1775, prince de Canino. Il épousa en 1795 Christine Boyer, morte en 1801 ; et en 1802, il contracta une nouvelle union avec Alexandrine de Bleschamp, née à Calais. Lucien, mourut à Viterbe le 25 juin 1840. Il eut onze enfants :

CHARLOTTE, née en 1796, mariée au prince Gabrielli, dont elle eut un fils et trois filles.

CHRISTINE-EGYPTA, née en 1798, mariée en 1824, à lord Dudley-Stuart.

CHARLES-LUCIEN-JULES-LAURENT, né à Paris le 24 mai 1803, prince de Canino et de Musignano, membre correspondant de l'Institut de France, des Académies de Saint-Pétersbourg, Bruxelles, Londres, Berlin, La Haye, etc. Il épousa, le 28 juin 1822, sa cousine. Zénaïde-Charlotte-Julie, fille du roi Joseph.

LŒTITIA, née à Milan, le 1er décembre 1804, mariée à Thomas Wise, membre catholique du Parlement d'Angleterre.

LOUIS-LUCIEN, né le 4 janvier 1813.

PIERRE-NAPOLÉON, né à Rome en 1815, chef de bataillon à la Légion étrangère en Algérie ; élu en 1848, par le département de la Corse, représentant du peuple à l'Assemblée nationale. Mort à Versailles, en 1881, laissant plusieurs enfants, dont :

Napoléon-Roland, vingt-deux ans, sorti de l'Ecole militaire spéciale de Saint-Cyr, avec le numéro 23 sur 340, actuellement sous-lieutenant dans l'armée française.

Jeanne, mariée le 23 mars 1882, avec le marquis Christian de Villeneuve d'Esclapon-Vence, descendant de Louis VIII et de la reine Blanche de Castille.

ANTOINE, né à Tusculum le 31 octobre 1816.

ALEXANDRINE-MARIE, née à Rome en 1818, mariée au comte Vincent Valentini.

CONSTANCE, née à Bologne en 1823, religieuse au Sacré-Cœur à Rome.

PAUL, mort en Grèce.

JEANNE, mariée au marquis Honorati.

Louis, né à Ajaccio, roi de Hollande de 1805 à 1810. Il épousa en 1802 la princesse Hortense-Eugénie de Beauharnais, fille du premier mariage de l'Impératrice Joséphine avec le vicomte de Beauharnais, morte en 1837. Le roi Louis mourut le 25 juillet 1846. De leur union, ils eurent trois enfants :

NAPOLÉON-CHARLES, prince royal de Hollande, mort à La Haye, le 5 mars 1807.

NAPOLÉON-LOUIS, grand-duc de Berg et de Clèves. Il épousa sa cousine la princesse Charlotte, fille du roi Joseph. Il est mort à Forti, le 17 mars 1831, sans postérité.

LOUIS-NAPOLÉON, né à Paris le 20 avril 1808, héritier direct de Napoléon Ier ; retenu en captivité pendant plusieurs années au fort de Ham ; élu en 1848, par quatre départements, représentant du peuple à l'Assemblée nationale ; élu le 10 décembre 1848, président de la République par 5,567,759 suffrages ; les 21-22 décembre 1851, é'u président de la République pour dix ans par 7,473,431 voix ; nommé Empereur des Français, les 21-22 novembre 1852, par 7,824,189 voix. Il épousa, le 30 janvier 1853, mademoiselle Eugénie de Montijo, comtesse de Téba. Après avoir donné à la France vingt années de tranquillité, de prospérité et de gloire, Napoléon III, succomba à la tête des armées françaises dans une lutte gigantesque avec l'Allemagne. Retiré en Angleterre, il mourut à Chislehurst, le 9 janvier 1873, laissant un fils :

Louis-Eugène Napoléon, Prince Impérial, né le 16 mars 1856, au château des Tuileries. Sa naissance fut saluée par des acclamations populaires et par les témoignages de la joie la plus vive. Quand son père fut mort, il vécut d'une façon austère et laborieuse, tout entier à l'amour filial pour sa mère, et à ses études militaires. Quand il sut que la guerre au Cap aggravait les périls de ses camarades de l'école de Woolwich, il voulut aller les rejoindre, pour s'essayer à la gloire. La gloire vint à lui, mais, sous les traits de la mort. Il mourut au champ d'honneur le 1er juin 1879.

Jérôme, né à Ajaccio, roi de Westphalie de 1807 à 1813. Il épousa en 1807, Frédérique-Catherine-Sophie-Dorothée, princesse royale de Wurtemberg, morte en 1835. Le roi Jérôme est mort à Paris en 1860. Il eut trois enfants :

Jérome-Napoléon, prince de Montfort, né à Trieste, le 24 août 1814 ; mort au service de son oncle le roi de Wurtemberg, en 1847.

Mathilde-Lætitia-Wilhelmine, princesse de Montfort, née à Trieste, le 27 mai 1820, mariée en 1841, au prince Démidoff de San Donato. — Sans enfants.

Napoléon-Joseph-Charles-Paul, prince de Montfort, né à Trieste, le 9 septembre 1822, ancien capitaine du 8e régiment de ligne, au service de de son oncle le roi de Wurtemberg; élu en 1848, par le départment de la Corse, représentant du peuple à l'Assemblée nationale. Il épousa en 1859, la princesse Marie-Clotilde, fille du roi Victor Emmanuel, roi d'Italie, et de la reine Adélaïde, archiduchesse d'Autriche. En 1870, après nos premières défaites, il fut envoyé par l'Empereur auprès de Victor-Emmanuel, pour essayer de décider le gouvernement italien à nous secourir. La révolution du 4 septembre empêcha cette mission de produire les résultats qu'on en espérait. Il fut expulsé de France, sous le gouvernement de M. Thiers. De son mariage avec la princesse Clotilde de Savoie, il a eu trois enfants, tous trois existant :

Napoléon Victor-Jérôme-Frédéric, né le 18 juillet 1862, désigné par le Prince Impérial pour continuer l'œuvre de Napoléon 1er et de Napoléon III.

Napoléon Louis-Joseph-Jérôme, né le 16 juillet 1864.

Marie-Lœlitia-Eugénie-Catherine-Adélaïde, né le 20 décembre 1866.

Les trois sœurs de Napoléon 1er, sont :

Marie-Anne-Élisa, née à Ajaccio, en 1777, princesse de Lucques et de Piombino, grande duchesse de Toscane; mariée le 5 mars 1797, au prince Félix Bacciochi; morte en 1820, laissant deux enfants :

NAPOLÉONE-ELISA, née en 1806, mariée au comte Camerata.

FRÉDÉRIC, mort à Rome.

Marie-Pauline, princesse et duchesse de Guastalla, mariée au général Leclerc, puis au prince Camille Borghèse. Elle mourut sans laisser d'enfants.

Marie - Annonciade - Caroline, née à Ajaccio en 1782 ; mariée en 1800, à Joachim Murat, roi de Naples. Elle mourut à Florence en 1839, laissant pour enfants :

NAPOLÉON-ACHILLE-CHARLES-LOUIS, prince royal des Deux-Siciles ; mort en 1847.

LŒTITIA-JOSÈPHE, née en 1802, mariée au comte Pepoli, à Bologne.

LUCIEN-CHARLES-JOSEPH-FRANÇOIS-NAPOLÉON, né en 1803 ; élu en 1848, par le département du Lot, représentant du peuple, à l'Assemblée nationale.

LOUISE-JULIE-CAROLINE, née en 1805, mariée au comte Rasponi, à Ravenne.

LA PRIÈRE

DU

PRINCE IMPÉRIAL

Mon Dieu, je vous donne mon cœur; mais vous, donnez-moi la foi. Sans foi, il n'est point d'ardentes prières, et prier est un besoin de mon âme.

Je vous prie, non pour que vous écartiez les obstacles qui s'élèvent sur ma route, mais pour que vous me permettiez de les franchir.

Je vous prie, non pour que vous désarmiez mes ennemis, mais pour que vous m'aidiez à me vaincre moi-même, et daignez, ô Dieu, exaucer mes prières.

Conservez à mon affection les gens qui me sont chers. Accordez-leur des jours heureux. Si vous ne voulez répandre sur cette terre qu'une certaine somme de joies, prenez, ô Dieu! la part qui me revient.

Répartissez-la parmi les plus dignes, et que les plus dignes soient mes amis. Si vous voulez faire aux hommes des repressailles, frappez-moi.

Le malheur est converti en joie par la douce pensée que ceux que l'on aime sont heureux.

Le bonheur est empoisonné par cette pensée amère : — Je me réjouis et ceux que je chéris mille fois plus que moi sont en train de souffrir. — Pour moi, ô Dieu! plus de bonheur. Je le fuis. Enlevez-le de ma route.

La joie, je ne puis la trouver dans l'oubli du passé. Si j'oublie ceux qui ne sont plus, on m'oubliera à mon tour, et quelle triste pensée que celle qui vous fait dire : « Le temps efface tout! »

La seule satisfaction que je recherche, c'est celle qui dure toujours, celle que donne une conscience tranquille.

Ô mon Dieu! montrez-moi toujours où se trouve mon devoir; donnez-moi la force de l'accomplir en toute occasion.

Arrivé au terme de ma vie, je tournerai sans crainte mes regards vers le passé.

Le souvenir n'en sera pas pour moi un long remords. Alors je serai heureux. Faites, ô mon Dieu! pénétrer plus avant dans mon cœur la conviction que ceux que j'aime et qui sont morts sont les témoins de toutes mes actions. Ma vie sera digne d'être vue par eux, et mes pensées les plus intimes ne me feront jamais rougir.

———

Si je dois mourir, Seigneur, faites que ce soit pour sauver un des miens.

Si je dois vivre, que ce soit au milieu des meilleurs.

EN VENTE

A LA LIBRAIRIE NAPOLÉONIENNE

V. DAIREAUX, ÉDITEUR

156, rue de Rivoli, PARIS

Histoire complète de Napoléon III; par MM. DE CASSAGNAC, 2 vol. illustré , au lieu de 20 fr.. 6 »

Histoire de la troisième République, par PAUL DE CASSAGNAC, 1 vol., au lieu de 6 francs . . 2 »

Essai sur la Régence de 1870, par le duc D'ABRANTÈS . . . . 8 »

Les Hommes du 4-Septembre, par A. ROGAT . . 3 »

Le Héros martyr, par JULES PÉRIER . . . . 1 »

Son Altesse le Prince Impérial, par E. LOUDIN . » 75

L'Oraison funèbre du Prince Impérial, par le Cardinal MANNING, archevêque de Westminster . . . . » 75

Biographie de Paul de Cassagnac, avec un portrait-photographie, grandeur 21-27 . . . . . 1 50

Le Chanson libre, par SAVINIEN LAPOINTE . . . » 50

Aux Urnes . . . . » 05

L'Invalidation de Paul de Cassagnac et ses discours . . . . » 40

Biographie du Prince Jérôme Napoléon, par LAJEUNE-VILLAR . . . . » 25

Le Retour de l'île d'Elbe, par PERRON . . . . . » 25

Les Napoléon, discours tenu par E. PASCAL, ancien préfet et ancien conseiller d'Etat . . . . » 15

Ces beaux Messieurs d'Orléans, par A. ROGAT . » 15

Ces bons Républicains, par le baron DE SEPTENVILLE . . . . » 10

Les Mémoires de l'Empire, par M. G. DE CASSAGNAC, 1re partie . . . . 3 »
La 2e partie n'est pas encore parue.

Les Bienfaits de l'Empire, par A. BRADIER (épuisé) 25

176

PHOTOGRAPHIES

Napoléon III, 36 sur 48.	15	»
Impératrice Eugénie, 36 sur 48.	15	»
Prince Impérial.	15	»
Les mêmes portraits, 21 sur 21, chaque.	5	»
Napoléon Ier, 21 sur 27.	5	»
Prince Jérôme Napoléon, 21 sur 27.	5	»
— et ses enfants, 21 sur 27.	5	»
Les derniers adieux du Prince Impérial, 21 sur 27.	4	»
L'Impératrice au tombeau de son fils, 21 sur 27.	4	»
Prince Impérial porté aux Invalides par un aigle, 21 sur 27.	4	»
Prière du Prince Impérial, avec portrait miniature.	»	30

CARTES-ALBUMS (16 sur 21)

Napoléon Ier	1	»
Roi de Rome.	1	»
L'Impératrice Joséphine	1	»
L'Impératrice Marie-Louise.	1	»
Reine Hortense	1	»
Louis Bonaparte.	1	»
Eugène de Beauharnais.	1	»
Napoléon III.	1	»
Impératrice Eugénie	1	»
Prince Impérial (civil et militaire)	1	»
Prince Jérôme Napoléon	1	»
Prince Jérôme Napoléon, avec ses deux fils	1	»
Princesse Clotilde	1	»
Prince Victor	1	»
Prince Louis.	1	»
Princesse Mathilde.	1	»
Les derniers adieux du Prince Impérial.	1	»
Les funérailles.	1	»
Combat héroïque du Prince Impérial	1	»
L'Impératrice devant le tombeau de son fils, au Zululand, le 2 juin 1879.	1	»
Le Prince sur son lit de mort.	1	»
Le Prince porté aux Invalides par un aigle	1	»

Les Envois se font franco contre timbres ou mandats-poste.